크리스천 청소년들이 꼭 알아야 할

세계관
특강!

크리스천 청소년들이 꼭 알아야 할

세계관 특강!

정소영 지음

미래사CROSS

거침없이 흔들릴 수밖에 없는 세상의 풍토 속에 이 시대를 거스를 올바른 길을 제시하기란 참으로 어렵습니다. 한국 교회의 미래를 책임질 다음 세대를 위해 우리가 할 수 있는 일은 성경에 입각한 올바른 가치관과 방향성을 제시해 주는 일입니다.

저는 이 책, 『크리스천 청소년들이 꼭 알아야 할 세계관 특강』이 그 일을 해 줄 수 있을 것이라고 확신합니다. 이 시대를 분별하고 의미 있는 삶을 살아낼 수 있는 올바른 성경적 세계관을 다음 세대 아이들에게 심어줌으로 인해 그들 스스로 새롭게 기경할 하나님의 나라를 꿈꿔봅니다.

김은호 _오륜교회 담임목사

* * * * * *

저는 오랫동안 대학생들과 함께 사역하면서 많은 학생들이 출처가 불분명한 생각을 하나님의 뜻이라고 붙잡다가 자신과 주변에 어려움을 주는 것을 많이 보았습니다. 그래서 '어떻게 하면 그런 생각을 바로 잡아줄 수 있을까'를 고민했던 적이 있었습니다. 그런데 이번에 이 책의 추천사를 써달라는 부탁을 받고 원고를 받아 읽어 보면서, 저자가 청소년들에게 '성경적 세계관'을 가르치고 싶어서 쓴다는 말이 마음에 닿아 더 관심을 가지게 되었습니다.

이 책은 저자 자신이 '세계관'이 무엇인지를 먼저 이해한 후에, 올바른 세계관은 복잡한 문제를 해결할 수 있는 '희망의 열쇠'라는 확신을 가지고 썼습니다. 그래서인지 세계관이 다소 어렵게 다가올 수 있는 주제임에도 불구하고, 이해하기 쉽고 간결하게 핵심을 잘 설명하고 있습니다.

이 책이 다음 세대의 주역이 될 크리스천 청소년들이 세상 사상들과의 전투에서 힘없이 쓰러지지 않도록 도움을 주리라 확신합니다. 또한 스스로는 도저히 분별하기 어려운 자신과 자신이 살고 있는 역사와 세상에 대한 분별력을 주어, 어떤 세계관이 참된 세계관인지를 제시해 줄 것입니다.

크리스천 청소년들에게 올바른 성경적 세계관을 가르치는 일은 교회가 해야 할 어떤 그 무엇보다도 중요한 사역입니다. 이 책은 청소년 소그룹 모임을 통해서 성경적 세계관을 배우고 정립하여 활용하는데도 적합할 것이라 생각됩니다. 아무쪼록 청소년들, 특히 크리스천 청소년들이 이 책을 통해 하나님의 눈으로 세상을 보는 눈을 갖기를 바라며, 매우 기쁜 마음으로 추천합니다.

"우리의 씨름은 혈과 육을 상대하는 것이 아니요 통치자들과 권세들과 이 어둠의 세상 주관자들과 하늘에 있는 악한 영들을 상대함이라"_엡 6:12

김용복_영국 런던순복음교회 담임목사

＊ ＊ ＊ ＊ ＊ ＊

"그 세대의 사람도 다 그 조상들에게로 돌아갔고 그 후에
일어난 다른 세대는 여호와를 알지 못하며 여호와께서 이스
라엘을 위하여 행하신 일도 알지 못하였더라"_삿 2:10

성경은 다른 세대가 되어버린 다음 세대의 결정적 이유를 하나님과 하나
님께서 하신 일들을 알게 하지 못한 까닭이라고 분명히 말하고 있습니다.
청소년 시절에 무엇을 듣고 무엇을 보느냐에 따라 인생이 달라질 수 있습
니다. 저자는 더 나아가 그 청소년이 지도가가 되었을 때에 어떤 세계관
을 가졌는지에 따라 그 나라와 국민의 운명이 결정되고, 그러한 세계관의
차이를 가장 극명하게 드러낸 곳이 바로 한반도임을 잘 설명해주고 있습
니다.
청소년도 쉽게 읽고 이해할 수 있는 좋은 세계관 도서가 없을까 하는 필요
에 서 있을 때, 이 책을 만나게 되었습니다. 이 책은 세계의 여러 가지 세
계관들을 청소년들에게 잘 분별할 수 있도록 만들어주고, 자신은 어떤 세
계관으로 살아왔고 또 앞으로는 어떤 세계관으로 살아가야 할지에 대해
고민하게 해줍니다. 특별히 이 도서는 부모님과 10대 청소년들이 함께 읽
을 수 있다면 매우 유익할 것 같습니다. 서로의 차이가 단순한 세대 차이

가 아닌 세계관의 차이임을 알게 될 때 많은 문제가 해결될 줄 믿습니다. 다음 세대뿐 아니라 다양한 세계관이 존재하는 현시대를 살아가는 현대인들에게 있어, 세계관에 대해 꼭 알아야 할 핵심을 빼놓지 않고 잘 설명하고 있는 좋은 교과서 같은 책을 기쁜 마음으로 추천합니다.

이태희_그안에진리교회 담임목사

 사람은 살아가는 동안 누구를 만나 어떤 세계관을 가지느냐에 따라 행복을 경험하기도 하고, 불행을 경험하기도 합니다. 그러므로 성공적인 삶을 소원하는 모든 이들은 바른 지식을 갖추기 위해 좋은 책, 좋은 학교, 좋은 스승을 만나려 노력합니다. 그중 소원하는 대로 진리를 만나는 이들이 있으며, 그렇지 못해 고통스러운 삶을 사는 이들도 있습니다.

현실을 바라보는 바른 분별력을 갖추지 못하면, 신뢰하고 좋은 환경이라 선택했던 일들이 시간이 지나 잘못된 결과로 나타납니다. 진리를 거슬러 개인의 삶뿐 아니라 가정과 나라까지 피폐하게 만들어 역사의 죄인으로 남는 경우도 적지 않습니다. 지도자를 선출할 때도 그에게 희망을 걸고 힘을 합쳐 지도자로 뽑아주었는데 시간이 지난 후에 실망만 남아 후회하며 회개하는 이들도 있습니다.

사람은 사람과 환경을 선택할 때 자신이 가진 세계관을 중심으로 판단합니다. 오늘 추천하는 책『크리스천 청소년들이 꼭 알아야 할 세계관 특강』은 수많은 선택과 가치 판단의 순간에 후회 없이 살아갈 수 있도록 안내하는 매우 좋은 가이드가 될 것입니다. 집을 건축할 때 가장 귀한 것이 기초석이듯, 사람의 마음엔 눈으로 볼 수 없는 사상, 즉 세계관이 가장 귀합니다. 세계관이 바르게 되면 모든 부와 지식과 권력을 선한 일에 사용할 수 있는 지혜가 생기고, 사회와 국가에 선한 영향력을 펼치며 좋은 이름을 남기게 될 것입니다.

이 책을 읽으면 현재 자신이 가는 길을 점검할 수 있고 국가와 사회가 어디로 가고 있는지도 밝히 알 수 있을 것입니다. 또한 청소년 여러분이 이 책에서 강조하는 성경적 세계관을 갖는다면, 반석 위에 집을 짓는 지혜로운 건축자로서 세상의 어떤 시련이 와도 빛 가운데 서서 넘어지지 않음을 체험할 수 있을 것입니다. 성경, 곧 하나님의 말씀은 그 자체가 빛이므로 고도의 분별력을 갖게 하며 진리 안에서 자유를 얻고 잘못된 세계관에 빠지지 않도록 인도합니다.

이 책은 부모님과 자녀 모두가 꼭 시간을 내어 함께 정독하여 삶에 적용하기를 권합니다. 우리의 한 번뿐인 인생을 조물주가 의도하신 대로 잘 살아서 예수 그리스도를 통해 구원의 은혜를 입고, 상받으러 가는 삶이 되길 소원합니다.

탁 트인 도로를 달리는 자동차가 삼거리를 만나면 이정표를 보고 길을 선택해야 헛수고를 하지 않듯, 이 책을 읽고 이 시대가 어떤 세계관으로 움직이고 있는지 분별하여 불확실한 미래를 예측하는 지혜를 가지길 바랍니다.

혼돈된 지금 이 시대에 이 책을 출판하는 정소영 변호사, 출판사 고영래 대표, 함께 수고하신 모든 분들을 크게 칭찬하면서 기쁨으로 추천하는 바입니다.

권 태 진 목사

한국교회연합 대표회장 / 군포제일교회 담임 / 시인

세계관특강!

2015년 봄, 우연히 '세계관'이란 단어를 만나면서 저는 새로운 꿈을 꾸게 되었습니다. 언젠가 자라나는 청소년들에게 '성경적 세계관'을 가르치는 사람이 되고 싶다는 것이었습니다.

그 무렵, 저는 우리 사회의 흔들리는 모습들, 특히 옳고 그름에 대한 판단이 흐려지고, 그런 판단을 하는 것 자체를 죄악시하는 풍조들을 근심어린 눈으로 바라보았습니다. 그런데다 세상이 변하는

속도를 따라 잡기가 너무 힘들어졌습니다. 인터넷, 스마트폰, 유튜브 등으로 원하든 원하지 않든 무분별하게 정보에 노출되고, 대부분 아무 쓸모도 없는 정보들을 받아들이고 처리해 내느라 정신없이 살고 있습니다. 현명하게 정보를 다룰 수 있는 능력을 갖추기도 전에 이미 그 영향력 속에 빠져 들어가 어찌할 바를 모르고 있는데, 누구 하나 붙잡아주고 가르쳐주는 사람이 없습니다.

이런 상황에서, 우리 사회의 미래가 될 청소년들의 마음에는 잡동사니들만 자꾸 쌓여만 가는 것 같았습니다. 마음으로부터 나오는 언행은 거칠어지고, 그러면서 마음이 더욱 황폐해지는 악순환이 계속되는 것 같아 안타까운 마음이 많이 들었습니다.

이때 우연히 만나게 된 '세계관'이란 단어는 저에게 이런 복잡한 문제를 해결할 수 있는 '희망의 열쇠'를 발견한 것 같은 기분이 들게 하였습니다.

세계관이란, 나무가 심겨지는 흙, 땅, 토양과 같은 것입니다. 어떤 토양에 나무를 심는가에 따라 나무가 자라는 모습도, 그 나무에 열리게 되는 열매의 크기와 견실함도 달라집니다.

마찬가지로 우리 아이들에게 좋은 토양을 제공하고 좋은 생각과 마음의 밭을 기경하도록 도와주는 것이야말로, 아이들이 잘 자라 열매 맺는 삶을 살 수 있도록 이끌어주는 일인 것입니다. 그것이 바로 세계관 교육이 하는 일입니다.

저는 이런 믿음으로 이 세상을 지배하고 있는 다양한 세계관들에는 어떤 것이 있으며, 그 각각의 세계관들은 우리의 생각과 삶에 어떤 영향을 미치고 있는지를 주의 깊게 살펴보기 시작했습니다.

그 과정에서 좋은 책들을 많이 접하게 되었는데, 그중 가장 인상 깊었던 책이 데이빗 A. 노에벨(David A. Noebel) 박사의 『충돌하는 세계관(Understanding the Times)』과 미국의 교도소 사역자로 유명한 찰스 콜슨(Charles W. Colson)의 『그리스도인, 이제 어떻게 살 것인가(How Now Shall We Live)』라는 책이었습니다.

그 밖에도 제임스 사이어(James W. Sire)의 『기독교 세계관과 현대사상(The Universe Next Door: A Basic Worldview Catalog)』, 존 스토트(John Robert Walmsley Stott)의 『현대사회 문제와 기독교적 답변』, 그리고 다양한 철학고전들은 오늘날 이 세상을 주도하고 있는 세계관에는 어떤 것들이 있는지, 그 세계관들은 우리의 삶에 실제적으로 어떤 영향을 미치는지에 대해 알게 해 주는데 많은 도움이 되었습니다.

2018년 말, 드디어 꿈을 향한 첫 번째 도전이 시작되었습니다.

〈VON 뉴스〉라는 유튜브 방송을 통해 세계관에 대해 강의할 수 있는 기회를 가지게 된 것입니다. 앞에서 소개한 데이빗 노에벨 박

사의 책을 기본 교재로 난생 처음 세계관을 접하는 청소년과 부모님들을 위한 짧은 강의를 연속으로 방송하였고 많은 분들이 유익한 내용이었다고 말씀해 주셨습니다.

이 책은 그때의 강의 내용을 뼈대로, 그리고 한걸음 더 나아가 어떤 세계관이 현실을 가장 잘 묘사하고 있는지, 또 현실 문제에 대해 가장 바람직한 해결책을 제시해 주고 있는지에 대한 방향도 함께 제시해 보려는 두 번째 도전입니다.

특히 청소년들에게 자신의 생각이라고 믿고 있는 것들이, 사실은 이미 세상이라는 토양 속에 깊숙이 스며들어 있어서 미처 알아채기도 전에 자신의 판단과 선택의 기준이 되어버린 것일 수도 있다는 것과 그것이 세계관의 영향 때문이라는 사실을 알려주려고 애를 썼습니다.

플라톤의 대화편 중 『소크라테스의 변론』이라는 책이 있습니다. 신성모독과 아테네의 젊은이들을 미혹했다는 혐의로 고발된 소크라테스는 죽음을 앞두고 아테네 시민들 앞에서 자신을 변론하며 스스로를 아테네의 '등에'와 같은 존재라고 말합니다. 사람들에게 다

세계관 특강

가가 옳고 그름, 지혜와 우둔함에 대해 '등에'가 꼬집듯이 따끔하게 지적하고 깨닫게 해주는 역할이 자신의 사명이었다고 말입니다.

이런 소크라테스의 모습을 보면서 저 역시 이 책을 통해 작은 '등에' 같은 역할을 할 수 있으면 좋겠다는 생각을 했습니다. 미처 생각을 깊이 할 겨를도 없이 바쁘게만 살아가고 있는 청소년들이 잠깐이나마 멈추어 서서 '도대체 내가 지금 하고 있는 생각은 어디서부터 나온 것이지?' 하고 스스로 반문할 수 있는 기회를 가질 수 있으면 좋겠습니다. 그래서 우리의 다음 세대가 시대를 분별하며 의미 있는 삶을 살아갈 수 있는 계기가 될 수 있다면 정말 좋겠습니다.

정소영

차례

세계관이란
무엇일까요?

요즘 청소년들, 마치 우주에서 뚝 떨어진 신인류처럼 느껴지지 않으시나요? 이것은 비단 저만의 생각은 아닌 것 같습니다.

유사 이래 기성세대들은 늘 "요즘 것들은 버르장머리가 없어"라며 불만을 말해왔고, 젊은 세대들은 "나이든 사람들이랑은 대화가 안 돼"라며 돌아서 버리곤 했습니다. 그러나 지금처럼 급속도로 서로 간의 이해의 폭은 갈수록 좁아지고, 갈등의 골이 깊어지는 시대는 아마도 인류 역사상 처음 있는 일이 아닌가 생각됩니다. 과학기술의 발달로 온 세상이 하나로 연결되고 세상의 거의 모든 정보가 다 노출되어 있는 21세기라는 시대적 특성이 그 원인일 것입니다.

우리나라뿐만 아니라 미국에서도 지금의 청소년들을 '밀레니어'라고 부릅니다. '새천년의 사람들'이라는 표현인데요. 이 말 역시

21세기의 아이들은 20세기의 어른들과는 완전히 다른 유전자를 가진 것처럼 보이는 새로운 사람들이라는 말이겠지요.

단순히 '세대 차이'라는 말로 설명할 수 없는 그 무엇, 지금 이 시대의 사람들을 과거 수세기 전의 사람들과는 완전히 사고의 틀이 다른 사람들로 만들어 버린 그것이 무엇일까요?

저는 이 질문에 대한 답 중 하나로 '세계관'이라는 화두를 던지고 싶습니다.

세상을 보는 관점

맨 처음 '세계관(Weltanschauung)'이라는 단어를 사용한 사람은 독일의 철학자 임마누엘 칸트입니다. '세계(Welt)'와 '관점(Anschauung)'이라는 독일어를 합하여 만든 단어입니다. 칸트는 세계에 대한 우리의 감각적 직관이라는 의미에서 세계관이란 용어를 사용했다고 하는데, 이 단어를 칸트 이후의 철학자들이 즐겨 사용하게 되면서 유행어처럼 되었습니다.

세계관이란 영어로도 '월드뷰(World-view)', 세상을 바라보는 '관점'을 말합니다. 말 그대로 안경과 같은 것이죠. 우리는 일상에서 검정

색 선글라스를 끼고 세상을 보면 세상이 검게 보이고, 빨간색 선글라스를 끼면 세상이 붉게 보이는 것을 모두 경험했을 것입니다.

　그러니 내 눈에 꼭 맞는 맑고 투명한 안경을 껴야만 사물을 제대로 잘 볼 수가 있겠지요. 안경이 제대로 되어 있지 않으면 사물을 제대로 보지 못할 뿐만 아니라 오히려 시야를 방해하고 사물을 왜곡해서 보게 만들어 버립니다.

　세계관도 마찬가지입니다. 여러분의 정신이 이 세계를 바라보고 이해하고 해석하려고 노력하고 있는데 올바른 세계관이 탑재되면 바르게 세상을 볼 수 있지만 그렇지 않고 거짓된 세계관이 눈을 가리고 있으면 세상을 바르게 볼 수 없게 되는 것입니다.

세계관을 또 어떻게 설명할 수 있을까요?

세계관이란 나무가 자라고 있는 흙 또는 토양이라고 할 수도 있을 것입니다. 나무가 자라는 토양은 오랜 시간 흙이 쌓이기도 하고, 여러 수원에서 물이 모여 들기도 하고, 들짐승이나 새들이 지나다니면서 거름을 뿌려놓고 가기도 하면서 특별한 성질을 지니게 됩니다. 그러면 나무가 건강하게 잘 자라 열매를 풍성하게 맺을 수 있게 해주는 토양이 되기도 하고, 때로는 그 반대로 쓰레기나 오물이 쌓여 나무가 시들어 버리거나 심지어 나무를 병들어 죽게 만드는 토양이 되기도 합니다.

문제는 땅에 뿌려져 나무가 될 씨앗은 토양이 좋은지 나쁜지 알지 못한 채, 자기가 뿌려진 그 땅에 뿌리를 내려 물도 빨아먹고 양분도 섭취하면서 자라고 있다는 것입니다. 나무가 토양이 좋지 않다고 스스로 뿌리를 거두어들이고 좋은 땅을 찾아 갈 수는 없는 노릇이니까요.

세계관은 토양이 오랜 세월 동안 그 성질을 형성하듯이 한 사람의 내면에 오랜 시간의 경험과 지식이 쌓여 내면화되는 것입니다. 따라서 사람은 자신이 뿌리를 내리고 있는 토양에서 쉽게 벗어날

수가 없습니다.

마치 누군가 그 토양을 다른 성질로 바꾸기 위해 오랜 시간 공들여 노력하지 않으면 그 성질이 변하지 않듯이 이미 형성된 어떤 사람의 세계관 역시 특별한 깨달음이나 계기가 없으면, 혹은 많은 수고와 노력이 없으면 바꾸기가 매우 어렵습니다. 그냥 나무를 뽑아서 다른 땅에 옮겨 심어야 할지도 모릅니다.

아무튼 세계관을 안경으로 생각하든 토양으로 생각하든 이것이 곧 우리가 세상을 보는 관점을 좌우하는 것이며, 우리의 신념 체계를 구성하는 것이라고 말하는 것에는 이견이 없을 것 입니다.

세계관이 왜 중요할까요?

그러면 내가 어떤 안경을 썼든 안 썼든, 세상을 바로 보든 거꾸로 보든, 아니면 어떤 토양에서 양분을 섭취하며 자라고 있든지 간에 그것이 내 삶과 무슨 상관이 있을까요? 다시 말하면 내가 가진 세계관이 나의 현실의 생활, 지금의 삶과 무슨 관계가 있기에 이렇게 세계관에 대한 장황한 설명이 필요한 것일까요?

인생을 살아간다는 것은 끊임없는 선택의 연속입니다. 세계관은 이 선택의 순간에 한 사람이 어떤 방향으로 나아가야 할지를 결정해 주는 매우 중요한 판단의 기준이 되며, 그의 삶의 태도와 행동을 지도하는 원리가 됩니다. 그리고 이 세상은 여러 가지 다양한 세계관들이 사람들의 선택을 받기 위해 치열하게 싸우고 있는 거대한 전쟁터입니다.

이 전쟁에서 어느 편을 선택하느냐에 따라 나와 나의 가족, 그리고 친구들이 행복하게 잘 살 수 있을지, 아니면 불행하게 살게 될지, 심지어 죽음으로 내몰릴 수밖에 없는 상황에 처하게 될지를 결정하게 된다고 한다면 지나친 과장일까요?

세계관과 한반도

오늘날 이 세계관의 차이가 가장 극명하게 드러난 곳이 있습니다. 바로 우리가 살고 있는 한반도입니다.

한밤중에 한반도 전체를 찍어놓은 구글의 위성사진을 보면, 한반도의 남쪽 절반은 낮처럼 휘황찬란한 불빛이 밝게 비추고 있는 반면 북쪽의 절반은 깜깜한 어둠의 세계로 보입니다. 이 사진 한 장은 세계관의 차이가 한 국가와 국민의 운명을 갈라놓은 역사적인 예를 상징적으로 보여주고 있습니다.

1948년 8월 15일, 남한에는 자유민주주의라는 가치, 자유민주주의 세계관을 가진 사람들이 대한민국이라는 나라를 건국했습니다. 대한민국은 각 개인의 존엄성 및 자유에 대한 자각과 각성을 기초로 한 자유민의 공화국으로 선포되었습니다. 그러나 북한에서는 마르크스주의, 공산주의 세계관을 신봉하던 사람들이 조선민주주의인민공화국이란 이름의 공산주의 정권을 수립했습니다.

이후 1970년대 초반까지는 누가 보아도 북한이 객관적인 면에서 훨씬 더 잠재력이 있는 나라로 평가되었습니다. 인적 자원도 더 좋았고, 지하자원도 풍부했으며, 발전의 기초가 되는 사회간접시설도 남한보다 더 잘 되어 있었다고 합니다.

그런데 70년의 세월이 지나는 동안 '자유' 대한민국은 세계에서 유래를 찾아볼 수 없는 경제적, 문화적인 성장과 발전을 이루어내어 전 세계인의 찬사와 부러움을 한 몸에 받는 나라가 되었습니다. 반면, 계급 '평등'을 기치로 내건 북한은 평등은 고사하고 인간을 신으로 만들고 섬기면서 모든 것을 통제하는, 이 지구상에서 가장 폐쇄적인 공산독재국가로 변질되었습니다.

북한의 공식 명칭은 인민이 주인이 되고 인민의 의견에 따라 나라가 통치된다는 의미의 '민주주의인민공화국'이지만, 사실은 개인의 자유보다는 계급의 이익이 우선되고 계급보다는 공산당의 이익이 우선시되는 전체주의 국가, 심지어 김일성 일가의 이익이 절대시되는 절대군주제적 독재국가 또는 김일성 일가를 신으로 모시는 사이비 종교집단처럼 변해버렸습니다.

이 과정에서 약 3백만 명에 가까운 북한 주민들이 굶어 죽었고, 수많은 사람들이 북한을 탈출하였거나 탈출을 시도하고 있으며, 오늘날에도 여전히 지독한 가난과 정치범 수용소와 같은 극심한 인권 탄압 속에 신음하는 국가로 남아 있습니다. 그럼에도 불구하고 북한 정권은 핵무기 개발을 통해 전 세계를 협박하는 불량국가의 면모를 버리지 못하고 있습니다.

이렇게 한 나라가, 조금 좁게 말하면 그 나라의 지도자가 어떤 세계관을 가지고 있는가 하는 것은 그 나라에서 살고 있는 모든 사람들의 운명을 결정합니다.

남한은 이승만 대통령이 자유민주주의를 선택했고, 북한은 김일성이 공산주의와 수령 유일체제를 선택한 것이 한반도의 운명을 갈라놓은 것처럼 말입니다.

세계관의 각축장

2019년 현재, 50대 이후의 어른들은 '냉전시대'라는 말을 듣고 자란 세대입니다. 미국과 소련이라는 자유주의 진영과 공산주의 진영을 대표하는 두 초강대국 간의 세계관 전쟁을 겪고 자라났습니다.

그런데 1989년 공산주의 동독과 자유민주주의 서독 사이에 우뚝 서 있던 철의 장벽인 베를린 장벽이 무너지면서 동독이 서독에 흡수통일되는 역사적인 사건이 급작스럽게 발생했습니다. 이 장면을 목격한 전 세계인들은 자유민주주의의 승리로 이제 냉전은 끝났다고 환호했습니다.

그러나 아이러니하게도 공산주의는 경제적인 면에서는 실패한 실험으로 끝났지만, 그 실체를 감춘 채 다시 나타났습니다. 그리고 오히려 그 세력을 더 확장시켜 냉전 이후, 자유주의 진영이라고 하는 서유럽과 북아메리카 일대를 거의 정복해 버리고 말았습니다.

원래 공산주의는 가난한 노동자 계급인 프롤레타리아 계급을 부자들의 착취와 억압으로부터 해방시켜 프롤레타리아가 지배하는 유토피아를 건설하고자 했던 칼 마르크스라는 사람이 주장한 이데올로기입니다. 그러나 현실에서 공산주의를 실현해보고자 했던 나라들에는 프롤레타리아 계급의 해방이 이루어지기는커녕, 공포와 어두움과 죽음이 온 사회를 뒤덮었습니다.

스탈린 독재 하의 소련에서는 공산당의 독재에 반기를 들었던 많은 사람들이 숙청되거나 시베리아로 강제 유배를 가야 했고, 모택동의 중국은 문화혁명*이라는 미명 아래, 어린 홍위병들이 자신의 부모와 스승을 공산주의의 적으로 간주하고 살해했습니다. 캄보디아의 크메르루즈 공산주의 무장단체 역시 수많은 자국민을 집단 학살했는데, 특히 지식인은 부르주아 계급이자 노동자 농민의 적이라며 안경을 썼다는 이유만으로도 무참히 사람들을 죽였다고 전해지기도 합니다. 유골로 가득 찬 그곳은 지금 '킬링 필드(Killing Fields)**'라는 이름으로 보존되어 있습니다.

거의 1억 명에 가까운 사람들이 공산주의 혁명 시기에 직간접적으로 목숨을 잃었다고 하니 1, 2차 세계대전에서 죽은 사람들보다 훨씬 더 많은 사람들이 공산주의 때문에 죽은 것입니다.

* 문화대혁명(文化大革命, 1966-1976) : 마오쩌둥(모택동)의 주도로 중국 내에 잔존해 있던 자본주의, 봉건주의, 관료주의적 요소를 없애고, 이상적인 공산주의 국가를 건설한다는 명분 하에 자국민 수천만 명을 학살한 사건을 말한다.

** 1975년 캄보디아의 공산주의 무장단체인 크메르루주 군이 론 놀 정권을 무너뜨리고 정권을 장악한 뒤, 1979년 베트남군에 의해 쫓겨날 때까지 노동자와 농민의 유토피아를 건설한다는 명분 아래 최대 2백만 명에 이르는 지식인과 부유층을 학살한 사건을 말한다.

공산주의가 가져온 경제적인 실패는 두말할 것도 없습니다. 남미의 많은 국가들 역시, 그 많은 자원과 인구를 가지고도 공산주의 또는 그 아류인 사회주의를 실현하겠다고 하면서 국가의 부를 나눠먹는 방식으로 방만하게 국정운영을 한 결과, 지금은 국민들이 거리에서 쓰레기통을 뒤져야만 먹고 살 수 있는 비참한 국가로 전락해버렸음을 우리는 알고 있습니다.

그런데 이런 공산주의가 다시 살아나서 경제적으로 풍요로운 서유럽과 미국의 대학과 언론을 장악하고 있다는 사실이 믿어지십니까? 옛날의 공산주의는 죽었지만 새로운 공산주의가 새로운 이름으로 다시 등장하고 있습니다.

서구의 대학가를 점령한 새로운 공산주의자들은 옛 공산주의자들이 기치로 내걸었던 '해방', '다양성', '평등' 등의 개념을 '정치적 올바름(Political Correctness)'이라는 그럴 듯한 말로 다시 포장하여 순진한 사람들의 마음을 훔쳐내는데 성공했습니다.

인류의 정신과 마음을 사로잡는 이 거대한 세계관의 전쟁에는 '중립'이라는 것이 없습니다. 내가 원하든 원치 않든 지속적으로 어느 한쪽을 선택하면서 살게 되지요. 그러하기에 현재 자신의 삶을 지배하고 있는 세계관이 어떤 세계관이며, 그것이 올바른 현실 인식을 바탕으로 하고 있는지, 올바른 가치관 위에 서 있는지를 확인하는 일은 자신의 삶의 현실을 결정하는 너무나도 중요한 문제입니다.

그런 의미에서 앞으로 이어지는 장에서는 성경적 세계관, 이슬람 세계관, 세속적 인본주의 세계관, 마르크스주의 세계관, 포스트모더니즘 세계관, 뉴에이지 세계관 등 여섯 가지 서로 다른 세계관들을 살펴보려고 합니다. 이 분류는 앞서 소개드린 데이빗 노에벨 박사의 책 『충돌하는 세계관』에서 사용하고 있는 분류입니다. 세계관을 연구하는 학자들이나 저서마다 조금씩 다른 이름으로 세계관을 나누고 있지만, 크게 차이는 나지 않습니다.

이제부터 이 여섯 가지 세계관이 어떤 것이며, 우리가 살고 있는 세상에 어떤 영향을 미치고 있는지를 점검하면서, 과연 나는 어떤 세계관을 가지고 지금까지 살아왔으며 앞으로 어떤 세계관을 선택하여 살아갈 것인가를 깊이 성찰해 보시기 바랍니다.

❶ 지금까지 나의 세계관 형성에 영향을 주었다고 생각되는 것에는 어떤 것이 있는지 이야기해 봅시다.(가족관계, 어린 시절의 경험 등)

❷ 1948년 5월 31일, 제헌국회의 출발은 다음과 같은 감사 기도문으로 시작하였습니다. 이 기도문을 통해 대한민국 건국의 아버지들이 가졌던 세계관에 대해 생각해 봅시다.

임시의장(이승만)

대한민국 독립민주국 제1차 회의를 여기서 열게 된 것을 우리가 하나님에게 감사해야 할 것입니다. 종교, 사상 무엇을 가지고 있든지 누구나 오늘을 당해가지고 사람의 힘으로만 된 것이라고 우리가 자랑을 할 수 없을 것입니다. 그러므로 하나님에게 감사를 드리지 않을 수 없습니다. 나는 먼저 우리가 다 성심으로 일어서서 하나님에게 우리가 감사를 드릴 터인데, 이윤영 의원 나오셔서 간단한 말씀으로 하나님에게 기도를 올려주시기 바랍니다.

이윤영 의원 기도(일동기립)

이 우주와 만물을 창조하시고 인간의 역사를 섭리하시는 하나님이시여, 이 민족을 돌아보시고 이 땅을 축복하셔서 감사에 넘치는 오늘이 있게 하심을 주님께 저희들은 성심으로 감사하나이다.

오랜 시일 동안 이 민족의 고통과 호소를 들으시사 정의의 칼을 빼서 일제의 폭력을 굽히시사 하나님은 이제 세계만방의 양심을 움직이시고 또한 우리 민족의 염원을 들으심으로 이 기쁜 역사적 환희의 날을 이 시간에 우리에게 오게 하심은 하나님의 섭리가 세계만방에 성시하신 것으로 믿나이다.

하나님이시여, 이로부터 남북이 둘로 갈리어진 이 민족의 어려운 고통과 수치를 신원하여 주시고 우리 민족 우리 동포가 손을 같이 잡고 웃으며 노래 부르는 날이 우리 앞에 속히 오기를 축원하나이다.

하나님이시여, 원치 아니한 민생의 도탄은 길면 길수록 이 땅에 악마의 권세가 확대되나, 하나님의 거룩하신 영광은 이 땅에 오지 않을 수 없을 줄 저희들은 생각하나이다. 원컨대, 우리 조선 독립과 함께 남북통일을 주시옵고 또한 민생의 복락과 아울러 세계평화를 허락하여 주시옵소서.

거룩하신 하나님의 뜻에 의지하여 저희들은 성스럽게 택함을 입어 가지고 글자 그대로 민족의 대표가 되었습니다.
그러하오나 우리들의 책임이 중차대한 것을 저희들은 느끼고 우리 자신이 진실로 무력한 것을 생각할 때, 지와 인과 용과 모든 덕의 근원되시는 하나님께 이러한 요소를 저희들이 간구하나이다.

이제 이로부터 국회가 성립되어서우리 민족의 염원이 되는 모든 세계만방이 주시하고 기다리는 우리의 모든 문제가 원만히 해결되며 또한 이로부터서 우리의 완전 자주독립이 이 땅에 오며 자손만대에 빛나고 푸른 역사를 저희들이 정하는 이 사업을 완수하게 하여 주시옵소서.

하나님이 이 회의를 사회하시는 의장으로부터 모든 우리 의원 일동에게 건강을 주시옵고 또한 여기서 양심의 정의와 위신을 가지고 이 업무를 완수하게 도와주시옵기를 기도하나이다.

역사의 첫걸음을 걷는 오늘의 우리·환희와 우리의 감격에 넘치는 이 민족적 기쁨을 다 하나님에게 영광과 감사를 올리나이다.

이 모든 말씀을 주 예수 그리스도 이름 받들어 기도하나이다.
아-멘.

* 함께 읽으면 좋을 책
『독립정신』 이승만 지음, 동서문화사
『이승만 없었다면 대한민국 없다』 로버트 올리버 지음, 박일영 옮김, 동서문화사

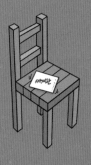

Chapter

02

성경적
세계관

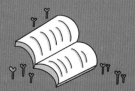

세계관이 우리가 세상을 바라보는 관점이고, 우리 삶의 토양 속에 너무도 깊이 스며들어 있어서 그것의 지대한 영향을 받고 있으면서도 스스로는 깨닫지 못한 채 살아가는 우리의 신념체계라고 한다면, 과연 내가 가진 세계관이 무엇인지 어떻게 분별해 낼 수 있을까요?

이 문제를 해결하기 위해 많은 사람들이 인간이 가지고 있는 근본적인 질문들을 몇 가지 던져보고 그 질문들에 어떤 해답을 제시하는가에 따라 서로 다른 세계관을 분류하는 방식을 채택하고 있습니다.

특히 인간이 가지고 있는 근본적인 질문 자체를 성경이 제시하는 틀에서 이끌어오는 방식이 아주 유용하게 사용됩니다.

먼저 성경은 우주의 시작으로부터 인간의 기원, 그리고 인간이 사는 사회에 죄가 들어오게 되면서 타락하게 되는 과정과 구원에 대한 장대한 이야기를 우리에게 전해주고 있습니다. 이러한 이야기의 구성은 '창조 · 타락 · 구속'의 관점으로 이해할 수 있고, 이 세 가지 키워드가 성경적 세계관을 이해하는 기본 틀이 될 수 있습니다.

그리고 각각의 키워드를 통해 다음과 같은 세 가지의 근본적인 질문들을 이끌어 낼 수 있습니다.

1. **창조 : 인간의 기원과 본질은 무엇인가?**
   — 인간의 존재에 관한 질문
2. **타락 : 인간이 사는 이 세상에는 왜 악이 존재하는가? 이 세상에는 왜 이렇게 문제와 고통이 많은가?**
   — 인간 세상의 문제의 원인에 대한 질문
3. **구속 : 이 세상의 악과 악이 만들어 낸 문제와 고통의 근본적인 해결책은 무엇인가?**
   — 인간 세상의 문제에 대한 해결책과 회복에 관한 질문

세계관을 설명하는 몇 가지 틀이 있지만, 성경 이야기 속에서 이끌어 낸 이 세 가지 질문에 대해 어떤 대답을 가지고 있는가에 따라

사람들은 서로 다른 생각을 가지고 서로 다른 삶의 태도로 살아가고 있습니다.

그래서 앞으로 소개하는 각각의 세계관들에 위의 세 가지 질문을 던지고, 그 각각의 세계관이 우리에게 들려주는 대답을 통해 세계관들의 차이점을 확인해보고 분별해보도록 하겠습니다.

성경적 세계관의 대답

1. 인간은 어떤 존재일까요?

성경은 태초에 천지를 창조하신 하나님이 자신의 형상을 닮은 존재로서 인간을 창조했다고 말합니다. 따라서 이 우주 전체를 창조한 전지전능하신 하나님의 형상을 닮은 인간은 하나님의 자녀로서 이 세상 다른 어떤 생명체보다 더 존귀한 존재이며, 단순히 육체로만 존재하는 것이 아니라 영혼을 가지고 있는 존재라고 말합니다.

이러한 하나님의 형상 안에 남자와 여자라는 독특하고도 상호보완적인 이미지가 조화를 이루고 있다는 사실이 매우 중요하게 다루어지고 있습니다.

2. 이 세상에는 왜 이렇게 문제가 많을까요?

구약성경 창세기에 따르면, 최초의 인간인 아담과 이브가 에덴동산에서 선과 악을 알게 하는 나무의 열매를 먹지 말라고 한 하나님의 말씀을 거역함으로 이 땅에 죄가 들어오게 되었습니다. 인간의 본성 속에 '원죄'가 깊이 새겨지게 된 것이지요.

아담과 이브는 뱀의 꾀임에 빠져서 하나님에 대한 전적인 신뢰를 져버리고 하나님의 말씀을 어김으로써 에덴동산에서 추방당합니다. 아담과 이브의 선택의 결과, '죄'의 판도라 상자가 열리게 되었으며 이로 인해 아담과 이브뿐만 아니라 이 땅의 모든 생명이 저주를 받게 되었습니다.

이 선악과 사건의 핵심은 아담과 이브가 선악과를 먹게 된 이유에 있습니다. 이들은 "선악과를 먹으면 하나님처럼 된다"라고 했던 사탄의 유혹에 넘어간 것입니다. 그래서 이제부터 선과 악의 기준은 하나님께서 정해주시는 절대적인 기준이 아니라 자신의 판단에 따라 자기가 보기에 옳다고 생각하는 것, 상대적인 것으로 전락하게 되었습니다.

구약성경 사사기에 나오는 말씀처럼 "자기 소견에 옳은 대로 행하는" 그런 세상이 시작된 것입니다. 그리고 이렇게 스스로 옳다고 생각했지만, 사실은 잘못된 생각을 가진 인간들에 의해 죄와 악이 가득하게 되었고 인류가 겪고 있는 모든 고통과 문제가 생겨난 것입니다.

3. 이 세상의 문제는 어떻게 해결할 수 있을까요?

성경적 세계관에서는 죄에 빠진 인간이 죄에 대한 대가를 치르고 하나님과의 관계를 회복하여 다시 말씀대로 순종하는 삶으로 돌이키면 모든 문제가 해결될 것이라고 말합니다.

그러나 전적으로 타락한 인간은 스스로 죗값을 치를 능력이 없습니다. 그래서 예수 그리스도께서 이 세상에 오신 것입니다. 타락한 인류 전체의 죗값을 치르기 위해 인간으로 오신 하나님 예수 그리스도께서 십자가를 지셨고, 또 부활하심으로 온전하고도 영원한 구원의 길을 열어주신 것입니다. 우리는 이 십자가와 부활 사건을 '복음'이라고, 인류 전체를 향한 '하나님의 기쁜 소식'이라고 전합니다.

이러한 성경적 세계관은 C. S. 루이스가 쓴 『나니아 연대기』라는 소설과 영화 속에 매우 잘 나타나 있습니다.

『나니아 연대기』 「2장 사자와 마녀와 옷장」 편에서 '나니아'라는 환상의 땅에 사는 초자연적이고 신비로운 사자 '아슬란'이 기꺼이 자신의 피를 흘려 배신자 에드먼드의 몸값을 지불하고, 결국에는 악한 마녀를 물리치는 이야기가 전개됩니다.

　이 이야기에서 사자 아슬란은 '예수 그리스도'를, 배신자 에드먼드는 하나님을 배신한 '인류'를, 그리고 하얀 마녀는 이 세상을 점령하고 있는 '악한 세력'을 상징하고 있습니다. 결국 사자 아슬란은 예수 그리스도처럼 자신을 제단의 제물로 바쳐 희생함으로 악한 세력을 물리치고, 모두의 구원을 이루고 용서를 통해 깨어진 관계를 회복시키는 존재가 되지요.

'버려지는 아이들'

　　　　　　　그럼 창조 · 타락 · 구속으로 설명되는 성경적 세계관이 우리가 당면하고 있는 현실적인 문제와 어떤 관계가 있을까요?

　이런 판타지 소설 같은 이야기가 우리의 선택과 삶의 태도에 영향을 주고 있기나 한 것일까요? 다시 말하면, 성경에서 말하는 인간에 대한 인식과 인간 사회의 문제와 해결책이 우리 삶에 실현 가능한 것인가 하는 말입니다.

이것을 구체적으로 확인할 수 있는 예로 '버려지는 아이들'에 대해서 생각해 봅시다.

성경적 세계관을 가진 사람은 버려지는 아이들에 대해 어떤 생각을 가지고 있고 또 필요한 경우, 어떤 선택을 하게 될까요?

성경적 세계관을 가진 사람들은 인간을 단순히 미생물에서 진화된 고등동물의 일종으로 보지 않습니다. 이들에게는 인간이란 수정되는 순간부터 초월적 절대자이신 하나님께서 자신의 모습을 부여하여 창조한 존귀한 생명입니다.

그러므로 이 생명은 단순히 남자와 여자가 자의적인 성관계를 통해 만들어 낸 생명체가 아니라 창조주 하나님께서 그분의 선하신 뜻과 목적에 따라 엄마와 아빠를 통해 이 세상에 보낸 소중한 존재입니다. 엄마와 아빠는 아이의 생명을 창조한 창조자도 아니고 더더군다나 아이의 생명을 마음대로 처분할 수 있는 소유주도 아닙니다. 그들은 아이들이 세상에 나오는 축복의 통로로 쓰임 받았을 뿐이며, 아이가 성장하는 짧은 시간동안 양육을 맡은 청지기입니다.

그런데 왜 사람들은 자기 아이를 버리는 악한 일을 하게 될까요? 그것은 사람들의 이기심과 두려움, 그리고 무책임과 같은 타락한 본성 때문입니다. 그래서 자녀를 기르는 일이 축복이 아니라 고통

이 되어 버린 것입니다.

자기 혼자 편하게 잘살고 싶다는 이기심, 자신의 능력으로 아이를 키울 수 없을지도 모른다는 두려움, 자신이 원해서 낳은 아이가 아니라는 무책임 같은 악한 마음과 그러한 마음을 부추기는 사악한 뱀의 목소리 때문입니다. 이런 부모들에게는 하나님께로부터 온 아이들이 축복이 아니라 저주이고 부담입니다. 그래서 아이들을 버리기도 하고, 심지어 낙태라는 비정한 방법으로 아이가 아예 이 땅에 태어나지 못하도록 죽이는 경우도 생깁니다.

그러면 이 문제를 어떻게 해결해야 할까요? 성경적 세계관에 따르면, 버려진 아이들이라는 사회적인 문제를 해결하기 위해서 인간은 다시 하나님의 말씀으로, 절대적인 진리의 기준으로 되돌아가야 한다고 말합니다.

성경은, 모든 사람은 하나님의 형상으로 창조되었고 그들에게는 영혼이 있다고 말합니다. 그뿐만 아니라 인간은 이 세상에서 살다 죽으면 그만인 존재가 아니라 영원한 삶을 가진 존재입니다. 그러므로 한 아이가 이 세상에 태어났다는 것은 영원한 삶에 대한 여정이 시작되었다는 것을 의미합니다.

한 남자와 한 여자가 가정을 이루어 평생을 함께 하도록 하는 결혼 제도는 인간이 만들어 낸 제도가 아니라 창조주 하나님께서 직접 만드신 인류 최초의 제도입니다. 하나님께서는 결혼을 통해 이루어진 가정 안에서 자녀를 낳아 생육하고 번성하라는 하나님의 뜻을 이루시기 원하셨습니다.

시편 127편 3-5절에서는 "자식은 여호와의 주신 기업이요 태의 열매는 그의 상급이로다. 젊은 자의 자식은 장사의 수중의 화살 같으니 이것이 전통에 가득한 자는 복되도다. 저희가 그 원수와 성문에서 말할 때에 수치를 당치 아니하리로다"라고 되어 있습니다. 자녀는 부모에게 힘이 되고 가장 큰 기쁨과 축복이 된다는 말씀입니다.

세상 사람들은 많은 젊은 부부들에게 자녀는 그들의 인생의 걸림돌이요, 경제적인 부담일 뿐이라고 말합니다. 그래서 딩크(DINK, Double Income No Kid)족이 되라고 합니다. 부부가 맞벌이해서 둘이 잘 먹고 잘사는 것이 진짜 행복한 일이라는 거짓말을 줄기차게 속삭입니다. 인터넷이나 방송과 같은 미디어를 통해서 말입니다.

물론 자녀를 양육하는 일이 쉬운 일은 아닙니다. 그러기에 하나님께서는 부모의 마음속에 모성애와 부성애라는 특별한 사랑을 부어 주신 것 같습니다. 그리고 자녀를 기르면서 부모는 세상의 다른 경험이나 물질이 줄 수 없는 진짜 사랑을 맛보게 되며, 그들을 자녀로 삼고 계신 하나님 아버지의 마음을 더 배워갈 수 있는 은혜를 받게 됩니다.

이러한 하나님의 마음을 알고, 하나님의 말씀대로 자녀를 사랑으로 출산하고 키우면 세상에 버려지는 아이가 있을까요? 만약 어떤 사람이 아이를 버리는 경우라 할지라도 이런 세계관을 기초로 세워진 사회라면 이 문제를 어떻게 해결할까요? 아마도 이런 사회에서는 버려진 아이들을 입양하여 잘 키워보겠다는 거룩한 생각을 가진 사람들이 많아질 것입니다.

예수 그리스도 안에서 우리는 모두 하나님의 자녀들입니다. 그러니 내가 직접 낳은 아이가 아니라 할지라도 예수 그리스도의 말씀에 따라 우리 모두는 이 세상에 이미 보냄 받은 하나님의 자녀들을 양육할 책임과 사명이 있다고 생각할 것입니다. 그래서 하나님께서 입양에 대한 마음을 주시면 기꺼이 그 일을 감당하게 되는 것입니다.

기독교 전통 위에 세워진 서구 사회에서 입양이 많이 이루어지고 있는 것은 어쩌면 당연한 일인 것 같습니다. 특히 장애가 심한 아이라 할지라도 많은 분들이 기꺼이 입양을 합니다. 이 아이들 역시 하나님께서 창조하신 자녀라는 생각을 갖고 있기 때문입니다.

그런데 유교적 전통이 강한 우리나라에서는 "검은 머리 짐승은 거두는 것이 아니다"라는 옛말도 있듯이, 자기 핏줄이 아닌 다른 사람의 아이를 맡아 기르는 것에 대한 심한 거부감을 가지고 있습니다. 그래서 입양이 잘 이루어지지 않을 뿐 아니라 가문의 대를 잇는다고 생각되는 남자 아이나 장애를 가진 아이들의 입양이 많이 힘들다고 합니다. 참 안타까운 일입니다.

앞으로 우리 사회에서도 버려지는 아이들의 문제에 대해 성경적 세계관에 기반 한 해결책이 많이 제시될 수 있으면 좋겠습니다. 개인적으로 위탁 부모가 되어주거나 입양을 해서 아이를 기르기로 헌신하시는 분들이 많이 생겨났으면 합니다.

국가는 버려진 아이들을 복지 제도를 통해 먹이고 입힐 수는 있습니다. 그러나 아이들에게 사랑을 주는 것은 국가가 할 수 없는 일입니다. 이것은 오직 이웃 사랑을 명령하신 예수님의 말씀을 진정으로 따르고자 하는 사람들과 교회에 의해서만 가능한 일일 것입니다.

하나님은 정말 계실까요?

이러한 성경적 세계관이 성립할 수 있는 전제는 바로 초자연적인 하나님이 존재하시며 하나님이 세상이 끝나는 날, 자신이 주신 절대적인 진리와 공의에 따라 인간을 심판하실 것이라는 믿음입니다.

하나님이 없다면 하나님의 말씀이라는 절대적 진리나 선악의 기준도 없을 것이고, 인간은 창조된 것이 아니라 어떤 알지 못하는 과정을 통해 진화된 존재라는 믿음이 더 설득력 있게 들릴 수 있기 때문입니다.

그래서 성경적 세계관을 지지하는 사람들은 초자연적이며 전지전능하면서도 인격적이고 인간 세상에 적극적으로 개입하여 사랑과 정의를 베푸시는 하나님이 계시다는 사실을 여러 가지 방식으로 증명해 보이려고 노력했습니다.

그중 한 가지가 이 세상의 자연계 자체, 그리고 인간 자체가 바로 하나님의 존재를 증명하는 증거물이라는 이론입니다. 흔히 '지적 설계론'이라고도 불리는 이 이론은, "이 세상이 이토록 질서정연하고 정교하며 아름답게 작동하고 있는 이유는 우주 만물에 질서와 목적을 부여하시는 전지전능한 설계자 하나님이 계시기 때문이다"라고 말합니다.

이 이론에 대해 상당수의 세계적인 과학자들이 진화론보다 더 논리적으로 타당하다고 말하면서 동의하고 있다고 하는데요. 만약 누군가가 사막 한 가운데서 매우 정교한 시계를 발견했다고 합시다. 그러면 당연히 그 시계를 만든 사람이 있을 것이라 추측하게 되는 것과 마찬가지 논리로 우리는 자연과 인간이라는 놀라운 피조물들의 세계를 통해 하나님이라는 존재를 추측할 수 있다는 것입니다.

또 다른 논증 방법은 '성경', 그 자체를 가지고 하나님의 존재를 증명하는 것입니다. 성경은 40여 명의 다양한 배경과 출신의 사람들이 기원전 약 1,500년 경부터 기원후 100여 년간의 시간에 걸쳐 기록했다고 합니다. 이러한 다양한 저자에도 불구하고 성경은 놀라운 통일성을 가지고 하나님의 존재와 그분의 성품, 그리고 그분이 이 세상을 창조하시면서 의도하신 목적이 무엇이었는지, 그 목적이 왜 어긋나게 되었는지, 인간은 어떤 존재인지, 어떻게 해야 인간이 행복할 수 있는지, 인간의 역사는 어떤 방향성을 가지고 있는지 등 이 세상과 사람들에 대해 가장 온전한 해답을 제공하고 있습니다.

따라서 이 성경은 인간의 지혜와 능력으로 쓰였다고 볼 수 없는 책이고, 오직 살아계셔서 지금도 역사하고 계시는 하나님께로부터 영감을 받은 사람들에 의해 쓰였다는 것입니다. 성경에 직접 글씨를 쓴 주체는 사람들이지만 궁극적인 저자는 하나님 자신이라는 것이지요. 그러니 하나님이 계시다는 것입니다.

또한 성경에는 수많은 사람들이 하나님과 나누었던 실제적인 대화와 사건들이 기록되어 있는데, 고고학의 발전으로 이런 사람들이나 사건들이 역사적으로 존재했었다는 것이 밝혀지고 있습니다. 그러니 성경이 말하는 모든 내용들은 매우 신빙성이 높다고 인정할 수 있다는 것입니다.

그러나 무엇보다노 성경을 동해 수천 년의 시간 동안 시대와 장소를 불문하고 수없이 많은 사람들의 삶이 바뀌었고, 오늘날에도 여전히 바뀌고 있다는 사실이 하나님의 존재를 가장 확실하게 증거하는 것이라고 말할 수 있을 것입니다.

하나님이 계시다는 전제 하에서 성경적 세계관은 인간의 실존에 대해 가장 현실에 부합하는 정확한 설명을 해주고 있습니다. 인간은 '죄' 앞에 무기력하지만 동시에, 여전히 하나님의 이미지를 가지고 있어서 회복과 구원의 가능성을 가지고 있는 존귀한 존재라고 말입니다.

성경적 세계관에서는 절대자이신 하나님께서 부여하신 절대적인 도덕과 진리가 있다고 주장합니다. 그 증거로써 어떤 추상적인 가치, 예를 들면 사랑, 정의, 용기와 같은 가치들과 인간으로서의 양심은 시대와 문화를 초월하여 전 인류의 가슴 속에 살아 숨쉬고 있다는 점을 들 수 있다고 합니다.

이러한 세계관, 또는 이러한 믿음의 체계를 가진 사람들의 삶은 어떠할까요? 하나님이 실제로 존재하시든 존재하지 않으시든 간에 만약 한 사회의 사람들이 이런 믿음을 가지고 살아간다면, 하나님이 없다고 믿고 사는 사람들이 모여 사는 사회보다는 훨씬 더 아름다운 사회를 만들 수 있지 않을까요?

사람들이 선택하는 모든 기준에 있어서 하나님이 부여한 인간의 존엄성을 인정하고, 하나님의 존재 앞에 겸허히 자신의 문제를 인정하며, 인류 역사가 시작된 이래 변함이 없는 절대적 진리라고 인식되는 명제 속에서 해결책을 찾으려고 하는 세계관, 그것이 바로 '성경적 세계관'입니다.

이 땅에는 자칭 '그리스도인'이라고 하는 사람들이 많이 있습니다. 실제로도 하나님의 존재를 인정하고 그분을 사랑한다고도 말합니다. 아마 그 말은 진심일 것입니다. 그러나 현실에서 어떤 문제에 부딪혔을 때, 그 사람들은 과연 성경적 세계관에 입각하여 그 문제를 해결하려는 선택을 하고 있을까요? 아니면 자신의 무의식 속에 스며들어와 있는 다른 다양한 세계관의 영향력 아래서 자신이 이미 많이 변질되어 있다는 사실을 깨닫지도 못한 채 다른 선택을 하며 살고 있을까요?

❶ 다음은 1776년 7월 4일 채택된 미국 「독립선언문」의 첫 부분입니다.

인류의 역사에서 한 민족이 다른 민족과의 정치적 결합을 해체하고, 세계의 여러 나라 사이에서 자연법과 자연의 신의 법이 부여된 독립, 평등의 지위를 차지하는 것이 필요하게 되었을 때 우리는 인류의 신념에 대해 엄정하게 고려해보면서 독립을 요청하는 여러 원인을 선언할 수밖에 없게 되었다.

다음과 같은 사실을 자명한 진리로 받아들인다. 즉 <u>모든 사람은 평등하게 태어났고, 창조주는 몇 개의 양도할 수 없는 권리를 부여했으며, 그 권리 중에는 생명과 자유와 행복의 추구가 있다.</u>

미국의 「독립선언문」은 1948년 12월 10일에 유엔에서 선포된 「세계인권선언문」의 기초가 되기도 했습니다. 미국의 「독립선언문」은 '인권'의 근거를 밝힌 문서로 국제적으로 인정되고 있는데, 그 이유가 무엇일지 생각해 봅시다.

❷ 제2차 세계대전이 끝나자 국제사회는 독일의 뉘른베르크에 전범재판
   소를 설치하여 나치 정권에 협력했던 인사들을 처벌하였습니다. 나치
   정권에 협조했던 사람들을 처벌한 근거는 무엇이었을까요? 위에서
   제시된 미국 「독립선언문」에서 그 근거를 찾아봅시다.

* 함께 읽으면 좋을 책

   『순전한 기독교』 C.S. 루이스 지음, 장경철·이종태 옮김, 홍성사
   『스크루테이프의 편지』 C.S. 루이스 지음, 김선형 옮김, 홍성사

이슬람
세계관

전 세계에서 이슬람교를 믿는 사람들의 숫자는 약 16억 명 정도라고 합니다. 이 중 거의 절반에 해당하는 사람들이 중동 지역이 아니라 인도네시아, 파키스탄, 인도, 방글라데시, 이 네 나라에 살고 있다고 합니다. 그 밖에도 중앙아시아와 아프리카 지역도 이슬람교의 세력이 매우 강한 지역입니다.

전 세계 인구 증가의 추세를 볼 때, 기독교나 다른 종교보다는 향후 이슬람 신도들의 숫자가 월등히 많아지게 되리라는 것은 쉽게 짐작할 수 있습니다. 일부다처제가 허용되어 있고, 자녀들을 출산하는 횟수도 타 종교인들보다 많기 때문입니다. 아마도 인구의 증가만큼 세계적인 영향력도 커지리라 예상할 수 있습니다.

그러나 이슬람이라는 종교는 한국인들에게는 잘 알려지지 않은 무척 생소한 종교입니다. 굳이 우리와 이슬람과의 인연을 찾고자 한다면 서울에 있는 '테헤란로'라는 도로명과 이태원 한가운데 서있는 '이슬람 사원' 정도가 아닐까 싶습니다.

대한민국과 이슬람

최근 우리나라에도 동남아시아의 이슬람 국가에서 많은 외국인 노동자들과 관광객들이 들어오고 있습니다.

정확한 통계자료가 나와 있는 것은 아니지만 2019년 기준으로 국내의 이슬람 인구가 약 15만 명에서 25만 명 정도로 추정된다고 하는 것을 보면, 어느새 한국 사회도 이슬람의 영향권 내에 들어가고 있는 것만은 사실인 것 같습니다.

유명 관광지인 제주도에 가면 공항이나 렌터카 업체 등에서 이슬람 신도들을 위한 기도실을 만들어 놓은 것을 곳곳에서 볼 수 있습니다. 민간 차원에서 이슬람 관광객 증가를 위해 취한 조치라고 보여집니다. 요즘에는 이슬람권에서 유학 온 학생들의 숫자가 늘어나면서 그들이 기도실 설치를 적극적으로 요구하고 있고, 대학에서도 이를 긍정적으로 받아들이고 있다고 합니다.

한때는 정부 차원에서도 이슬람 할랄 식품 전문단지를 만들려고도 했었고 이슬람 자본을 끌어오기 위한 금융정책도 고려했습니다만, 아직은 시기상조라는 의견들이 많아서 실제 정책으로 실현되지는 못했습니다.

그런데 이렇게 대한민국 내에 이슬람 인구가 늘어나고 이들과의 접촉점이 늘어가고 있는 상황임에도 불구하고, 이슬람이 단순히 여러 종교 중 하나가 아니라 총체적인 신념 체계를 갖추고 16억 명의 삶의 태도를 좌우하는 세계관이란 사실을 인식하고 있는 사람들은 민간 부문이나 정부, 어느 쪽에도 별로 없어 보입니다.

그렇기 때문에 우리가 단순히 경제적, 정치적인 이유만을 고려하여 이슬람교에 대해 생각하는 것이 우리 사회에 어떤 정신적 문화적 파장을 가지고 올지에 대해서는 아무도 예측하지 못하고 있는 것 같습니다.

이슬람교에 대한 일반 국민들의 인식은 일단 두려움인 것 같습니다. 미디어를 통해 접하는 이슬람 교도들의 모습은 대부분 ISIS(이슬람 국가)나 보코하람, 무슬림 형제단과 같은 무자비한 테러리스트들이며, 이슬람 난민의 대량 유입으로 살인, 강간 등과 같은 심각한 사회문제에 시달리고 있는 서유럽 국가들의 모습이기 때문입니다.

그렇기 때문에 한편으로는 이런 폭력적인 이슬람의 모습에 두려움을 갖기도 하고, 또 한편으로는 전쟁으로 고향을 떠나 고생하고 있는 난민들의 모습에 동정심을 느끼기도 하며, 때로는 젊은이들 사이에 묘한 호기심을 자극하고 선동하는 매력을 가지기도 한 이슬람에 대해 좀 더 객관적으로 볼 필요가 있는 것 같습니다.

이를 위해 이제부터 이슬람의 역사를 간단히 살펴보고, 세계관을 설명하고 있는 틀인 세 가지 궁극적인 질문에 대한 답을 중심으로 이슬람 세계관을 이해해 보려고 합니다.

이슬람의 역사

이슬람이란 단어의 뜻은 '복종'입니다. 그리고 무슬림은 이슬람의 신인 알라에게 '복종하는 사람'을 말하지요.

이슬람교의 기원은 A.D. 610년, 현재 사우디아라비아의 메카에서 상인으로 살아가던 무함마드에게 알라의 천사가 나타나서 신적인 메시지를 전해주었다고 하는 전승에서부터 시작됩니다.

이때 무함마드가 천사에게서 직접 전해 듣고 구술한 내용이 이슬

람교의 경전인 '꾸란(Quran)'이 되었고, 이후 23년간, A.D. 632년 무함마드의 임종 시까지 이런 신의 계시가 계속 되었다고 합니다.

모든 무슬림은 꾸란을 오류가 없는 신의 계시라고 믿고 있지만, 실제로 꾸란의 내용 중에는 서로 모순되는 내용들이 많아서 이런 경우에는 시간적으로 더 늦게 기록된 내용이 앞에서 말해졌던 계시의 내용을 변경한 것으로 해석한다고 합니다.

A.D. 622년, 무함마드는 당시 다신교 전통 속에 살던 메카의 지도자들에게 쫓겨나 메디나로 가는데 이것을 '헤지라(Hegira)'라고 하며, 이때를 기준으로 이슬람의 달력이 시작됩니다.

메디나에서 강력하고 잘 훈련된 군사력을 가지게 된 무함마드는 무력으로 세력을 확장하기 시작하여 A.D. 629년, 메카를 점령하고 그곳에 있던 다신교 우상의 신전인 '카바(Kaaba)'를 정화하게 됩니다. 카바가 있는 메카는 오늘날 이슬람교의 가장 중요한 성지로서 무슬림이라면 누구나 일평생 한 번은 이곳으로 순례를 떠나야 합니다.

A.D. 632년 무함마드가 사망한 후, 이슬람 세계는 크게 분열하게 되는데 특히 4대 칼리프인 알리 때, 알리와 그 추종자들 사이의 내전으로 인해 알리의 사망 후에 본격적으로 종파가 나뉘게 되었다고 합니다.

이들 중, 선거로 무함마드의 후계자를 선출하자고 했던 수니파 이슬람은 현재 전 세계 무슬림 인구의 80%를 차지하고 있고, 나머지는 무함마드의 혈통에서 후계자가 나와야 한다고 믿었던 시아파 무슬림으로서 이란을 중심으로 뭉쳐 있습니다. 그밖에 작은 분파들이 있기는 하지만, 크게 이 두 가지로 나뉜다고 생각하면 됩니다.

이슬람의 다섯 기둥

전 세계의 무슬림들은 무함마드의 가르침에 따라 5가지 신성한 의무, 즉 이슬람의 '다섯 기둥'이라고 하는 것을 일생동안 지키면서 살아야 합니다.

첫 번째는 '샤하다(Shahada)'라고 하는 매일의 신앙 고백입니다.

"알라 이외에 다른 신은 없으며, 무함마드는 그의 선지자이다"라는 뜻으로 무슬림이라면 누구나 이 말을 매일 소리 내어 되내어야 합니다.

두 번째는 '살라트(Salat)'라고 하며, 메카를 향해 하루 5번씩 기도하는 것입니다.

이슬람 신도들은 어디를 가든 이 의무를 수행하지 않으면 안 되기 때문에 앞에서 이야기했듯이 다른 나라의 관광지이던, 학교이던, 자신들의 기도실을 설치해달라고 요구하는 것입니다.

이슬람에서는 기도라고 번역되는 두 단어가 있는데, 하나는 '살라트'이고 또 하나는 '두아(Dua)'라고 합니다. 우리가 생각하는 기도, 즉 하나님께 무언가를 간구하는 기도는 두아에 가깝고 살라트는 하나의 의식이자 예배로써 기능하는 것으로 알려져 있습니다.

세 번째는 '자카트(Zakat)'라고 하며, 이것은 무슬림이라면 자신의 수입 중 2.5% 정도를 의무적으로 자선에 사용해야 하는 것을 말합니다.

일종의 기부금인 것인데 수입의 내용을 정확하게 어떻게 규정해야 하는지에 대해서는 이견이 좀 있다고 합니다. 자카트의 원래 목적은 가난한 자들의 구제이지만 현대에는 전 세계를 대상으로 하는 이슬람의 포교자금으로 사용되기도 하는 것으로 알려져 있습니다.

네 번째는 '사움(Sawm)'이라고 하며, 한 달 동안의 라마단 기간 중에 해가 있는 동안 금식을 하는 것입니다. 물론 해가 지고 나면 가족들과 음식을 나누는 축제가 벌어집니다. 많은 이슬람 신도들이 라마단 축제 기간의 기억을 참 즐겁고 좋은 것으로 간직하고 있다고 합니다.

다섯 번째는 '하지(Hajj)'라고 하며, 무슬림이라면 일생에 한 번은 메카로 순례 여행을 떠나야 합니다. 해마다 전 세계 수많은 무슬림이 메카로 와서 카바 신전을 돌면서 기도를 올립니다. 그런데 한꺼번에 너무 많은 사람들이 모이다 보니 인명사고가 나는 경우도 종종 있다고 합니다.

이슬람교의 알라와 기독교의 하나님은 같은 신일까?

때때로 많은 사람들이 이슬람교의 알라 신과 유대교나 기독교에서 말하는 창조주 여호와 하나님이 같은 신이라고 생각하는 경우가 있습니다. 왜냐하면 위의 세 종교 모두 구약성경을 뿌리로 삼고 있기 때문입니다.

그러나 이슬람에서는 구약의 모세오경과 다윗이 썼다고 알려진 시편과 잠언의 권위를 어느 정도 인정하면서도 시간이 흐르면서 이 책들의 내용이 변경되고 곡해되었다고 보기 때문에, 가장 나중에 세상에 나타난 무함마드의 꾸란만이 변질되지 않은 유일한 책이며 유일한 권위를 가지고 있다고 믿습니다.

그러면 먼저 유대교와 기독교의 차이부터 간단히 살펴보겠습니다.

일단 유대교와 기독교의 가장 큰 차이는 예수님을 인류의 구원

자이신 메시아로 믿는가, 아닌가 하는 것입니다. 이는 예수님을 삼위일체 하나님의 한 분으로 인정하는가, 그렇지 아니하는가에 달려 있다는 것입니다.

유대인들은 여전히 자신들의 메시아가 아직 오지 않았다고 믿고 있고, 그 메시아를 기다리고 있는 반면, 기독교는 구약 성경의 예언을 통해 오실 것이라고 약속된 메시아가 바로 예수 그리스도이시며, 그분은 단지 이스라엘 민족의 구원만이 아니라 온 인류의 구원자가 되시기 위해 오신 분이라고 믿습니다. 뿐만 아니라 예수 그리스도는 십자가에서 죽으심으로 인류 구원의 역사를 이미 이루셨고 이 세상이 끝날 때에 다시 오실 것이라고 믿습니다.

그런데 이슬람교의 경우, 유대인의 구약의 하나님을 유일신으로 인정하고, 그 하나님을 이슬람은 알라라고 이름만 바꾸어 부른다고 말합니다. 그러니 유대교와는 비슷하다고 주장하는 것입니다. 물론 유대교에서는 받아들이지 않는 주장입니다.

이러한 주장에 대해 학자들은 이슬람교가 발생한 시점이 A.D. 620년 이후로 성경의 구약과 신약이 모두 다 정돈된 상황이었기에 이슬람교의 선지자 무함마드도 성경의 이야기를 전해 들었을 것이고, 성경에서 자신의 종교를 세우기 위한 통찰력을 얻은 것이 아닐까 추측하기도 합니다.

이슬람과 아랍 세계는 종교를 두 종류로 구분하는데, 하나는 하늘의 종교이고 나머지는 인간의 종교라고 합니다. 하늘의 종교는 유일신 신앙을 가진 유대교, 기독교, 이슬람교이고, 인간의 종교는 나머지 모든 종교입니다.

그러다 보니 이슬람교에서는 유대인이나 기독교인들을 '성경의 사람들(People of the Book)'이라고 말하면서 다른 이교도들과는 좀 다르게 취급한다고 합니다. 물론 다르게 취급한다는 것이 좀 더 좋게 대우해 준다는 뜻도 아니고 유대교나 기독교를 인정해준다는 뜻도 아닙니다. 그저 그들도 성경의 구약에 자신들의 뿌리가 있다고 주장한다는 차원에서 전혀 아무런 연관성이 없는 다른 이교도들과는 좀 다르다고 생각한다는 뜻일 뿐입니다.

하지만 기독교에서는 성경이 말하고 있는 여호와 하나님과 이슬람교의 알라는 전혀 다른 신이라고 말합니다. 왜냐하면 기독교의 하나님과 이슬람교의 알라는 그 성품이 너무나 다르기 때문입니다. 동일한 신이 이와 같이 전혀 상반되는 특성을 동시에 가질 수는 없기 때문입니다.

기독교에서는 성부 하나님과 성자 예수 그리스도, 그리고 성령

하나님을 삼위일체 하나님 한 분으로 인정합니다. 그리고 삼위일체 하나님의 성품은 '사랑'입니다. 기독교인들은 아브라함의 혈통이 아니라 예수 그리스도를 믿음으로 하나님의 사랑과 용서를 통해 구원을 받으며, 예수 그리스도 안에서 모든 믿는 자들이 한 형제요, 자매라고 믿습니다.

이러한 측면에서 이슬람교는 삼위일체 하나님을 믿는 기독교를 다신교의 일종으로 간주하며, 이슬람의 유일신 사상과는 근본적인 차이가 있다고 이야기합니다.

기독교의 예수 그리스도는 본래 하나님이셨지만, 인간의 몸을 입고 가장 낮은 자리로 내려 오셔서 사람들을 사랑하고 섬기셨습니다. 그러나 이슬람교의 알라는 하늘 위에서 인간에게 명령을 내리고 복종을 요구하며 군림하는 신입니다. 그러니 기독교의 신관과는 전혀 타협할 여지가 없는 것입니다. 이슬람교는 신본주의라는 측면에서는 유대교나 기독교와 유사한 부분들도 많지만, 결정적으로 다른 신을 섬기는 다른 종교인 것입니다.

이상으로 이슬람교의 기원과 무슬림의 생활방식, 그리고 이슬람교와 유대-기독교의 신관에 대한 짧은 개요를 마치고 본격적으로 세계관에 대한 세 가지 궁극적인 질문들을 던져 보겠습니다.

1. 인간은 어떤 존재일까요?

이슬람 세계관에서는 이 세상과 온 우주, 그리고 인간은 '알라'라는 창조신이 만들었다고 말합니다. 그러나 알라는 인간을 신의 형상을 닮은 신의 자녀로 창조하지 않았고, 대신 몇 가지 신적인 특성이나 능력이 부여된 '복종하는 자'로, 신의 뜻을 받드는 '종'으로 창조했습니다.

인간은 약간의 지식과 의지, 그리고 행위능력을 알라로부터 부여받기는 했지만, 알라의 절대적인 명령 앞에 오직 복종만을 요구받는 존재일 뿐입니다.

2. 이 세상에는 왜 이렇게 문제가 많을까요?

기독교와 달리 이슬람교에는 인간의 전적인 타락이나 원죄라는 개념이 없습니다. 오직 현실 세계에서 행위로 지은 직접적인 죄만 인정할 뿐, 생각이나 마음으로 지은 죄는 죄라고 생각하지도 않습니다.

이슬람 세계관에 따르면, 이 세상의 모든 문제는 '복종하는 자'로 태어난 무슬림이 알라의 뜻에 반역하고 복종을 하지 않기 때문에 생겨난다고 믿습니다.

모든 무슬림은 꾸란에서 나오는 알라의 직접적인 지시뿐만 아니라 알라의 선지자인 무함마드의 언행(Sunnah)을 기록한 하디스(Hadith)와 이슬람의 법인 샤리아 법(Shariah)에 따라 살아가야만 합니다. 그것이 바로 알라의 뜻에 순종하는 길이기 때문입니다.

다만 꾸란이나 하디스는 서로 상반되는 내용들이 들어 있기 때문에 이슬람의 종교지도자인 이맘들이 경우에 따라 해석해 주기도 하는데, 이러한 해석 역시 시대와 사안에 따라 변한다고 합니다.

무슬림은 복종을 가장 중요하게 여기기 때문에 아이들은 어른에게, 여자는 남자에게, 개인은 가문에, 가문은 이슬람 공동체에 복종하며, 이슬람 공동체는 알라의 뜻에 무조건적으로 복종해야 합니다. 그러다 보니 이슬람 세계관에서는 개인의 인권이나 개인의 자유는 그리 중요하지 않습니다. 이슬람 공동체의 전체적인 조화를 위해 복종하는 것이 가장 중요합니다. 그리고 이러한 복종이 깨어지는 것, 그것이 바로 이 세상에 이토록 많은 문제가 발생하게 된 원인인 것입니다.

최근에 한류 드라마가 이슬람 국가들에서 선풍적인 인기를 누리고 있다고 합니다. 가족을 중요시하고, 전통과 관습, 그리고 권위와 순종을 강조하는 유교적인 문화가 이슬람 문화권에서 공감대를 얻고 있기 때문이라고도 하는데, 그렇다면 반대로 이슬람의 문화가 우리나라에 잘 스며들 수 있는 조건 역시 성립되는 것이 아닌가 하는 생각이 들기도 합니다.

3. 이 세상의 문제는 어떻게 해결할 수 있을까요?

답은 아주 단순합니다. 알라에게 복종하지 않는 사람들을 다시 복종하게 만들면 됩니다.

이슬람교도로 개종시켜서 이슬람교의 경전인 꾸란의 가르침과 하디스에 따른 삶을 살도록 하고, 궁극적으로는 이슬람교의 율법인 샤리아(Shariah)에 따라 통치되는 이슬람 국가를 만들면 되는 것입니다. 이들에게는 세속과 종교가 일치되는 이슬람 신정국가의 건설이 모든 문제를 근본적으로 해결할 수 있는 방법인 것입니다.

이 과정에서 폭력과 전쟁도 불사하게 되는데, 이것을 '지하드(Jihad)', '거룩한 전쟁', 또는 : '성전 (Holy war)'이라고 합니다.

지하드에는 원래 두 가지 측면이 있다고 합니다. 하나는 인간 내면의 유혹과 싸우고 인간으로서의 미덕과 절제를 함양하는 내적 전쟁이라는 측면과 다른 하나는 이슬람에 반대하는 세력과의 물리적인 충돌을 말합니다.

그런데 이슬람에서는 주로 후자 쪽을 더 강조합니다. 왜냐하면 이슬람교의 포교활동은 시작부터 무함마드의 지휘 하에 무력전쟁을 통해 이루어졌기 때문입니다. 이들은 폭력적인 전쟁을 통해서라도 비무슬림들을 무슬림으로 바꾸는 것이 비무슬림인 상대방에게도 좋은 일이며, 그렇게 함으로써 자신들은 이교도들을 알라의 뜻에 합당한 온전한 삶으로 되돌아 올 수 있도록 돕고 있다고 생각합니다. 이슬람 세계에서의 평화란 전쟁과 폭력이 없는 상태가 아니라 비무슬림들이 반역을 그친 상태를 말합니다.

특히 이슬람 세계관에서는 최후의 심판 때 알라가 인간의 선행과 악행을 저울로 달아서 선행이 더 많은 사람은 천국으로, 악행이 더 많은 사람은 지옥으로 보내신다고 믿습니다. 그런데 이렇게 선한 행위를 위해 일평생 수고로이 노력했다 할지라도 자신의 운명이 천국행인지 아니면 지옥행인지 확신을 할 수가 없습니다. 이때 확신을 줄 수 있는 한 가지가 바로 지하드, 즉 성전을 위해 싸우다 순교하는 것입니다.

이슬람 테러리스트들이 자살폭탄 테러도 서슴지 않는 이유는 지하드를 통해 천국을 보장받는다고 믿고 있기 때문입니다. 그리고 이들이 소망하는 천국은 아름다운 여인들과 맛난 음식으로 둘러싸인 곳이라고 합니다. 아마도 여성들에게는 별로 인기가 없는 곳일 것 같습니다.

무슬림을 어떻게
대해야 할까요?

많은 종교인들이 무늬만 특정 종교인 행세를 하지만, 실상은 그렇지 않는 경우들이 많이 있습니다. 말로는 어떤 특정 종교를 믿고 있다고 말하지만 사실 그들의 삶은 자신의 종교적 세계관에 기반을 두고 있지도 않고, 기본적인 종교적 형식을 따르지도 않는 경우가 많습니다. 이슬람의 경우도 마찬가지라고 합니다.

특히 서구 사회에서 태어나서 자란 무슬림은 자신들과 극단적인 이슬람 근본주의자들과 구별하기를 원합니다. 이들의 실제 삶은 이슬람 세계관에 기반을 두고 있지도 않고 이슬람 세계관에서 요구하는 극단적인 복종에 따르지도 않기 때문입니다.

그런데 2001년 9월 11일, 미국에서는 영화 속에서나 있을 법한 일이 일어났습니다. 많은 사람들의 기억 속에 결코 잊혀질 수 없는 장면이었을 것입니다.

보스턴에서 로스앤젤레스를 향해가던 아메리칸 항공의 비행기가 뉴욕 월드트레이드 센터를 들이받으며 폭발한 9·11 테러인데요. 불과 1시간도 채 안 되는 시간 안에 다른 세 대의 비행기도 공중납치

당해 폭발한 사건으로 범인은 모두 사우디와 이집트의 이슬람 근본
주의 테러리스트들이었습니다.

이 사건이 있은 후에 전 세계는 이슬람이란 도대체 어떤 신념체
계이기에 사람들이 저럴 수 있을까 두려워하기도 하고 궁금해 하기
도 했습니다. 실제로 이 사건이 있은 후, 갤럽이라는 여론조사 기관
에서 여러 나라에 살고 있는 무슬림을 대상으로 9·11 테러에 대해
어떻게 생각하는지 설문조사를 실시했다고 합니다.

그때 응답자의 약 7%만이 9·11 테러를 저지른 테러리스트들이
정당하다고 답을 했다고 합니다. 이것은 대부분의 무슬림은 그들의
행위를 정당하다고 생각하지 않았고, 그런 폭력에 동의하지도 않는
다는 말입니다.

그럼에도 불구하고 7%라는 숫자는 전 세계 16억 무슬림 인구 가
운데 1억 명이 넘는 사람들을 의미한다고 하니 적은 숫자가 아닌
셈이지요. 지금 서구 사회에서는 '외로운 늑대'라고 불리는 자생적
이슬람 테러리스트들이 저지르는 테러의 횟수가 증가하고 있다고
합니다. 중동지역이나 동남아시아처럼 이슬람 문화가 주류가 아닌
곳에서 이런 테러리스트들이 생기고 있다고 하니, 그만큼 잠재적인
위험이 크다는 뜻이기도 합니다.

2018년, 우리나라에도 예멘에서 온 건장한 무슬림 청년 500명 정도가 한꺼번에 난민 신청을 해서 한바탕 소동이 일어났었습니다. 청와대 국민청원게시판이 열린 이래 최대로 많은 국민들이 이슬람 난민을 받아들이는 것에 반대하는 청원을 올리기도 했었다고 합니다.

특히나 이들이 도착한 제주도는 비자가 없어도 관광객으로 자유롭게 들어올 수 있는 곳이어서 다른 이슬람권 난민들에게 매우 매력적인 이주지역이라는 말도 있었습니다. 그래서 우리나라의 영토가 너무 무방비로 열려있는 것 아니냐는 비판도 일었던 것으로 기억합니다.

갑작스럽게 많은 수의 이슬람 난민을 맞이한 우리 정부는 난민법에 의거하여 신속한 조사절차를 진행했고 그 결과 이들 대부분은 난민이 아니라고 판명되었지만 인도적인 차원에서 체류자의 자격을 주어 한국에서 좀 더 살 수 있도록 해 주었습니다.

이러한 결정을 계기로 이슬람 난민 문제에 관하여 국민들 간에는 첨예한 대립과 갈등이 계속되고 있으며 새로운 사회문제의 불씨가 되고 있습니다.

글로벌 시대, 우리 가까이에는 이제 우리와 전혀 다른 세계관과

문화를 가진 사람들이 점점 많아지고 있습니다. 과연 우리는 이들의 이웃이 될 준비가 되어 있을까요?

우선 난민 문제만큼은 감상이 아니라 냉철한 이성으로 대처해야할 것 같습니다. 이미 이슬람 난민을 받아들인 나라들의 사례가 있는 만큼 그들이 겪고 있는 여러 가지 문제점들을 사실에 근거하여잘 살펴보고, 우리나라가 그런 문제들을 해결할 능력이 있는지 점검해 보아야 하겠습니다. 그리고 만약 우리에게 아직 그럴만한 능력이 없다면 앞으로 어떻게 해결해 나갈 것인지 방향을 설정하고, 우리의 역량을 잘 기를 수 있도록 준비해야 할 것 같습니다.

5천 년을 단일민족으로 살아 온 것을 자랑으로 삼고 있는 우리 국민들에게 문화도, 법도, 신앙도 너무나 다른 무슬림을 단번에 받아들이라고 요구하는 것은 너무 지나친 요구일 것입니다. 그러나 그렇다고 인도적 차원에서 진정 이웃으로 받아들이고 돌보아야 하는 사람들을 외면해 버리는 것도 성숙한 시민의 태도는 아닐 것입니다.

이슬람 인구의 유입은 난민뿐 아니라 다른 형태의 교류와 접촉에 관해서라도 더 많은 공론의 장에서 객관적인 사실을 놓고 논의하고 정의로운 법과 제도를 통해 차근차근 풀어나가야 할 문제입니다. 어느 때보다도 우리 사회의 집단 지성의 힘이 필요한 때인 것 같습니다.

① 이슬람 세계는 여성 할례, 조혼 그리고 여성들에 대한 갖가지 사회적
   참여의 배제 등 여성 인권이 특히 열악한 상황입니다. 그 이유가 무엇
   인지 자료를 찾아보고 설명해 봅시다.

② 이슬람 세계는 전체주의적 성격이 강하다고 알려져 있습니다. 전체주
   의의 정의에 대해 알아보고 전체주의와 이슬람의 공통점과 차이점이
   무엇인지 이야기해 봅시다.

* 함께 읽으면 좋을 책
  『이슬람의 인권과 여성』 노니 다르위시 지음, 정성일 옮김, 4HIM
  『청소년을 위한 나는 말랄라』 말랄라 유사프자이 지음, 박찬원 옮김, 문학동네

세속적 인본주의
세계관

세속적 인본주의란 말 그대로, '세속의 세계인 물질로 이루어진 현실 세계 중심주의와 인간 본위의 인간 중심주의가 결합된 세계관'이라고 말할 수 있습니다.

세속적 인본주의 세계관에서는 눈에 보이는 현실 세계만이 존재한다고 믿기 때문에 천사나 악마 같은 초자연적인 존재라든지 영혼, 천국, 영원한 세계라는 개념은 판타지 소설이나 애니메이션 혹은 어린이들이 읽는 동화 속에서나 나오는 이야기라고 생각합니다.

이 세상의 모든 사물과 현상은 오직 자연의 범위 안에서만 존재하며 초자연적인 것은 없다고 믿는 자연주의, 인간의 행복은 오직 현실과 물질세계의 만족에 달려있으므로 정신적인 행복 같은 것은 허상이라고 믿는 물질주의, 인간의 기술과 과학이 인간 사회의 모든 문제를 해결할 수 있을 것이라고 믿는 과학주의, 그리고 인간의 계몽된 이성만이 모든 현실에 대한 판단의 기준이 될 수 있다고 주장하는 이성주의 등이 모두 세속적 인본주의의 범주 안에 들어가는 사상적 흐름입니다.

서구 사회는 17세기에 들어서면서 중세 가톨릭의 종교적인 억압에서 벗어나 인간의 이성이 가진 능력에 눈을 뜨게 되는 새로운 시대를 맞이합니다.

"나는 생각한다. 그런고로 나는 존재한다.(Cogito ergo sum)"라는 명제로 유명한 17세기 프랑스 철학자 데카르트는 인간의 인식에 관

한 문제들을 해결하기 위한 방법으로 '방법론적 회의' 혹은 '의심'을 사용하였습니다. 그는 모든 것을 '회의'하고 '의심'해 봄으로써 불확실성을 제거하고 점점 더 진리에 다가갈 수 있다고 생각했던 것이었고, 자신의 존재 자체도 이러한 의심을 통해 확정해 나갔던 것입니다. 의심할 수 없는 단 하나의 진실은 바로 생각하고 있는 '나 자신'이라는 것이지요.

데카르트의 영향은 매우 커서 이후 계몽주의 철학자들과 과학자들에게 많은 영향을 주게 되었습니다. 데카르트로부터 시작된 이성에 대한 각성은 과거 서구 문명의 근간이 되었던 유대-기독교의 '신'이라는 존재에 대해 의심을 품게 만들었고, 종교적 신념과 과학은 양립할 수 없는 것처럼 여겨지게 되었습니다. 더구나 중세 교회가 가르치던 교리들이 코페르니쿠스의 지동설과 같은 새로운 과학적 발견으로 거짓임이 밝혀지면서 교회는 더욱 더 권위를 잃어갔습니다.

18세기 칸트에 이르러서는 형이상학에서 다루고 있는 '신'의 존재란 인간의 인식의 한계를 벗어나는 것이라는 불가지론을 이야기하게 됩니다. 신이 있는지 없는지는 인간의 이성으로 알 수 없는 문제라는 것입니다. 이러한 사조는 신의 존재나 신적인 영역을 철학적 논의에서 배제시켜버리는 결과를 낳게 되었습니다.

데카르트도, 칸트도 모두 신의 존재를 부정하고자 의도한 것은 아니었지만, 후대 철학자들과 과학자들은 인간의 이성으로 검증하거나 판단할 수 없는 영역에 대해 겸손히 모른다고 인정하거나 논의를 그치는 것에서 한발 더 나아가 그러한 영역을 부정하는 데까지 이르게 된 것입니다.

바야흐로 인간 세상에 간섭하여 생사화복을 주관하는 신은 존재하지 않으며, 인간 세상의 문제는 인간의 능력으로 해결할 수 있다는 인본주의의 시대가 도래한 것입니다.

1. 인간은 어떤 존재일까요?

세속적 인본주의자들은 진화론을 창조론을 대체하여 인간의 기원을 밝히고 있는 유일한 과학적 설명이라고 생각합니다.

우주의 시작 어디쯤에서 가장 단순한 형태의 생명체가 우연히 생겨났고, 그 생명체가 점점 진화하여 오늘날 인간이라는 고등 생명체가 되었다고 믿습니다. 그리고 이들의 생각 속의 인간은 아직도 여전히 지속적으로 진화, 발전하고 있는 존재입니다.

세속적 인본주의자들이 주장하는 인간의 진화는 단순히 육체적

혹은 생물학적인 것만이 아니라 지식과 과학의 발전을 통한 이성과 지성의 진화도 포함하고 있습니다. 세속적 인본주의자들은 인간이 스스로의 진화를 통제할 수 있으며, 스스로의 힘으로 생물학적으로나 사회적인 완전함에 가까이 다가갈 수 있다고 믿습니다. 인간에 대해, 그리고 인간의 미래에 대해 매우 낙관적이고 긍정적인 견해를 가지고 있는 것입니다.

그럼에도 불구하고 인간을 죽고 나면 그뿐인 육체로만 한정되는 존재라고 제한시켜 버렸기 때문에 죽음이 주는 육체적인 한계를 극

세계관 특강

복하기 위해서 부단한 노력을 기울여야 하는 존재로 만들어 버렸습니다.

뉴스에서 인간을 냉동시켜 미래에 다시 깨어나게 하는 기술을 개발했다느니, 지구가 아닌 화성이나 다른 행성에서 인간의 생존을 가능하게 하는 과학적 진보를 이루어 냈다느니 하는 이야기들을 들어 본 적이 있을 것입니다. 이러한 일들은 인간에게 주어진 생물학적인 한계를 극복하고 진화의 최종 단계로 나아가려고 하는 인본주의자들의 끊임없는 노력의 일환입니다.

진화론에서는 환경에 가장 적합한 자가 살아남는다는 '적자생존'의 원리가 매우 중요합니다.

세속적 인본주의자들은 개인적인 측면에서도 강한 자가 살아남는 것이 자연스러운 진화의 결과라고 말하지만 인류 역사 속에서 나타나는 제국의 흥망성쇠 역시 적자생존의 원리로 설명하고 있습니다.

이러한 관점은 연약한 개인에 대한 따뜻한 배려의 마음이 식어지도록 만들었고, 역사적으로는 오직 차갑고 냉혹한 힘의 원리로만 움직이는 정글 같은 세상을 정당화하는 논리로 악용되기도 했습니다.

2. 이 세상에는 왜 이렇게 문제가 많을까요?

세속적 인본주의자들은 무한히 진화 발전할 수 있는 인간의 잠재력을 방해하는 것, 인간의 바짓가랑이를 붙잡고 앞으로 전진하는 것을 막고 있는 것이 바로 무지와 종교라고 생각합니다.

현재 인간 사회가 겪고 있는 문제는 아직 충분히 인간의 이성이 계몽되지 못해서, 아직 충분히 과학이 발전하지 못해서, 아직 인간의 이성이 완전한 진화의 단계에 이르지 못해서 발생하는 것이라고 생각합니다. 그래서 이런 무지의 상태를 벗어나기 위해 기술과 과학을 더욱 발전시켜야 하는 것입니다.

그런데 이런 무지의 상태에 인간을 계속해서 묶어두는 것들 중 가장 심각한 것이 종교요, '신'이라는 존재라는 것입니다. 종교는 전지전능하다는 신이라는 허구적인 실체가 있다고 말하고 인간이 이러한 존재의 요구와 명령에 순응해야만 한다고 인간을 세뇌시키기 때문입니다. 과학적으로 존재가 증명되지도 않는 '신'이 자연을 초월하는 기적을 베푼다고 말하면서 과학으로 해결할 수 있는 것들을 방해하고, 아직 과학적으로 해결할 수 없는 문제에 대해서는 헛된 희망을 품게 만들어 인간을 더욱 절망에 빠뜨리고 만다는 것입니다.

더구나 현재의 삶 너머에 영원한 심판이 있다고 협박함으로써 인간을 신의 노예로 만들어 버린다고 생각합니다.

이렇게 아무짝에도 쓸모없는 '신'이란 존재를 인간 사회에서 몰아내는 일, 그리고 신은 죽었다고 이제 우리 인간의 일은 인간의 손으로 해결할 수 있다고, 그리고 마땅히 그래야만 이 세상의 문제들은 해결될 수 있다고 주장합니다.

3. 이 세상의 문제는 어떻게 해결할 수 있을까요?

가장 시급하게 해결해야 할 일은 인간으로부터 신에게 의지하는 마음을 없애는 것입니다. 인간의 잠재력을 폄하하고 신에게 의존하게 만들며, 현실을 제대로 인식하지 못하게 하고 환상의 세계에서 사람들이 빠져나올 수 없게 만드는 신과 종교로부터 '독립'을 선언하는 것이야말로 원천적인 문제해결의 첫걸음입니다.

세속적 인본주의자들은 인간의 이성적 능력으로 지식과 과학기술을 발달시키면 인간 사회의 대부분의 문제를 해결할 수 있다고 생각합니다. 특히 컴퓨터 기술의 발전으로 인한 인공지능의 출현은 이들에게 매우 고무적인 일입니다.

인간과 기계의 결합을 통해 인간의 한계를 극복하고 한 단계 더 업그레이드된 인간의 출현을 열망하며, 이 과정에서 과학이 가져올 윤리적인 딜레마도 해결할 수 있는 새로운 시대도 곧 도래될 것이라 전망하고 있습니다.

공상과학영화에서나 보던 반인·반기계 인간인 사이보그나 인간과 거의 유사한 로봇늘의 출현, 인간처럼 감정까지 느끼는 인공지능과의 교감 등은 바로 세속적 인본주의자들이 꿈꾸는 새로운 진화입니다.

세계관 특강

서구의 인본주의자들

오늘날 미국 사회에서는 엘리트그룹이라고 하는 대학교수들과 언론, 미디어에 종사하는 사람들 대부분이 스스로를 세속적 인본주의자라고 자부합니다.

지난 1933년, 미국 공교육의 아버지라 불리는 존 듀이(John Dewey, 1859-1952)를 포함한 34명의 인사들이 마르크스의 공산당 선언과 유사한 '인본주의자 선언(Humanist Manifesto)'이라는 것을 작성하여 공표하였습니다.

이 선언에서 이들은 '인본주의'를 새로운 형태의 '종교'라고 명명하고 있습니다. 기존의 독선적인 종교가 아니라 모든 인간들 사이의 평등과 박애를 바탕으로 한 새로운 믿음 체계로써 인간의 자율성을 극대화하기 위해 인권을 보호하고, 절대적인 선에 기반 한 도덕이 아니라 인간의 경험에서 우러나온 공리주의적 도덕관을 가진 새로운 종교 말입니다.

또한 미국의 인본주의자들은 1941년 창설된 미국 인본주의자 협회(American Humanist Association)를 통해 지속적인 활동을 이어가고 있습니다.

미국 인본주의자 협회의 모토는 'Good without a God'입니다.

이것은 "하나님 없이도 우리 인간은 잘 할 수 있다"라는 뜻입니다. 그리고 또한 '자신들은 모든 진보적 가치를 옹호하고, 인본주의자, 무신론자, 그리고 자유사상가들 간의 평등을 추구하는 단체'라고 자신들의 정체성을 밝히고 있습니다. 이는 기존의 종교적 신념을 가진 사람들은 배제하고 다른 모든 사람들은 다 포용한다는 뜻입니다.

이 협회에서는 1953년부터 매년 '올해의 인본주의자 상'을 수여하고 있는데, 실로 전 세계적인 영향력을 미치고 있는 인물들이 이 상을 많이 받았습니다.

『이기적 유전자』,『만들어진 신』,『눈먼 시계공』등을 쓴 세계적인 진화론자 리처드 도킨스(Clinton Richard Dawkins, 1941~ , 1996년 수상), CNN과 터너 미디어 그룹을 창립한 테드 터너(Robert Edward Turner, 1938~ , 1990년 수상),『바이센테니얼 맨』,『아이 로봇』등으로 우리에게 친숙한 공상과학 소설가이자 과학 저술가인 아이작 아시모프(Isaac Asimov 1920-1992, 1984년 수상), 인간의 욕구를 단계설로 설명한 심리학자 아브라함 매슬로우(Abraham Harold Maslow, 1908-1970, 1981년 수상), 그리고 미국 가족계획연맹의 창시자 마거릿 생어(Margaret

Sanger, 1883-1966, 1957년 수상) 등이 있습니다. 이들의 이름만 들어도 기독교적 전통 위에 세워진 서구 사회가 왜 이렇게 세속적으로 변했는지 알 수 있을 것입니다.

이들 중 우리에게는 무척 생소한 마거릿 생어라는 인물에 대해서 이야기해 보겠습니다.

마거릿 생어는 미국 가족계획연맹(Planned Parent hood)의 창시자입니다. 가족계획연맹은 오늘날 '국제가족계획연맹'의 모체로서 전 세계적인 네트워크를 형성하여 '낙태 합법화'를 위한 강력한 로비를 펼치고 있는 단체입니다.

그런데 세속적 인본주의자들의 인간관을 이해한다면 마거릿 생어가 왜 국제가족계획연맹이라는 단체를 만들었으며, 왜 그렇게 낙태와 장애인들의 불임시술에 적극적이었는지를 알 수 있습니다.

세속적 인본주의 세계관에서는 인간이란 다른 생명체보다 조금 더 발달하여 진화한 생명체에 불과합니다. 어떤 특별한 의미나 목적을 가진 생명이 아니라 우연히, 그저 운이 좋아서 적자생존 한 존재입니다. 더구나 인간이 단순히 물질이 아닌 영적인 존재라는 사실을 인정하지 않기 때문에 태아는 아직 진화가 덜 된 세포 덩어리에 불과합니다.

그러므로 보다 진화, 발전된 사회가 되려면 많은 인간 중에서도 환경에 가장 잘 적응할 수 있는 우수한 유전인자를 가진 인간만이 살아남아야 하는 것입니다.

마거릿 생어는 이런 세속적 인본주의 세계관을 가지고 우생학에 기반 한 인간관을 가지고 있었기에 육체적으로 열등하다고 여겼던 장애인들에게 불임시술을 하여 아기를 낳지 못하게 하거나 낙태를 시키는 일을 사명감을 가지고 열심히 했습니다. 그 자신은 이것이 인류 전체의 더 나은 진화를 위해 마땅히 해야 할 일이라고 진심으로 믿었기 때문입니다.

현재 가족계획연맹은 표면적으로는 여성의 건강과 복지, 그리고 여성의 인권을 위해서 일한다고 주장하지만, 그 내막을 들여다보면 미국 연방정부의 재정으로 불법적인 낙태시술을 자행하여 엄청난 이익을 남기고 있는 영리회사에 불과합니다.

더구나 최근에는 미성년자들의 성전환 수술로 사업 영역을 확장시켜 나가고 있다고 전해지는데, 진화론적인 입장에서 보면 인간의 성별 역시 진화하는 과정에 있고 변할 수 있는 것이기 때문에 이토록 위험스럽게 여겨지는 분야로의 사업 확장도 과감하게 시도할 수 있는 것 같습니다.

지금까지 세속적 인본주의 세계관에 대해 알아보면서 많은 사람들이 '아, 알고 보니 내가 세속적 인본주의자였구나' 하고 깨달았을 것이라고 생각됩니다.

만약 누군가가 무신론자로서 진화론을 신봉하고 있거나, 우리의 삶은 이 세상이 전부이고 죽으면 그만이라고 생각한다면, 그리고 모든 자연현상 또는 사회현상에 대해 과학적으로 설명이 되지 않는 다며 절대 믿지 못하겠다고 하거나, 인간의 능력이 더 커질수록 앞으로 우리가 살아갈 세상이 더 좋아질 것이라고 철석같이 믿는다면, 그 사람이 바로 세속적 인본주의자입니다.

❶ 다음은 1962년 이전, 미국의 공립학교에서 수업 시작 전에 드리던 기도입니다.

Almighty God, we acknowledge our dependence upon Thee, and we beg Thy blessings upon us, our parents, our teachers and our country. Amen.

(전능하신 하나님, 우리는 당신께 의지하고 있음을 인정합니다. 우리와 부모님, 선생님, 그리고 우리나라를 당신께서 축복해 주시기를 간구합니다. 아멘)

그런데 1962년 당시, 뉴욕 주 내의 공립학교에서 수업 전에 드려지던 이 기도가 미국의 수정헌법 제1조인 정치와 종교는 분리되어야 한다는 원칙을 위반하였다는 미국 연방대법원의 판결(Engel v. Vitale, 370 U.S. 421 .1962)을 계기로 미국 내 공립학교에서는 거의 모든 기도가 사라지게 되었습니다.

이 사건이 미국 사회와 미국의 교육에 미친 영향을 조사하여 나누어 봅시다.

세계관 특강

❷ 현재 학교에서 배우고 있는 내용 중 세속적 인본주의 세계관의 영향을

가장 많이 받고 있다고 생각되는 과목은 무엇인지 이야기해 봅시다.

* 함께 읽으면 좋을 책

『만들어진 신』 리처드 도킨스 지음, 이한음 옮김, 김영사

『멋진 신세계』 올더스 헉슬리 지음, 이덕형 옮김, 문예출판사

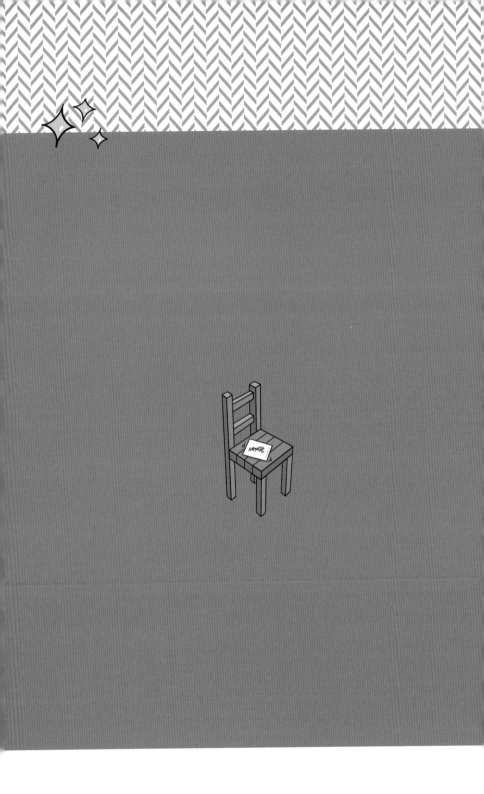

마르크스주의
세계관

마르크스주의는 '맑시즘(Marxism)'이라고 부르기도 하고 사회주의 혹은 공산주의라는 단어와 혼용되기도 합니다. 그리고 이런 마르크스주의적 사상을 가진 사람들을 '좌파'라고 부르기도 합니다.

좌파란 단어의 기원은 프랑스 대혁명으로까지 거슬러 올라갑니다. 당시 사회변혁에 온건한 입장을 취하던 지롱드 당이 의회의 오른쪽에, 그리고 급진적이고 과격한 몽테뉴 당이 의회의 왼쪽에 자리를 차지한 것에서 비롯된 말인데, 이후 급진적인 사회변혁을 꿈꾸는 사회주의나 공산주의 계열을 통칭하는 말로 사용되고 있습니다.

마르크스주의는 말 그대로 칼 마르크스(Karl Heinrich Marx)라는 철학자의 사상입니다. 따라서 우리가 마르크스주의 세계관을 이야기하기 전에 도대체 칼 마르크스라는 사람이 어떤 생각을 가지고 무엇을 가르쳤는지 간단하게나마 알아볼 필요가 있을 것 같습니다.

1818년에 태어나 1883년에 죽은 칼 마르크스는 '변증법적 유물론'과 '경제 결정론'을 주장했습니다. 변증법적 유물론이란 '역사란 물질세계에 존재하는 어떤 명제들 간의 끊임없는 갈등관계를 통해 정-반-합이라는 변증법적 과정을 거쳐 진화 발전한다'는 것입니다.

한편, 경제 결정론이란 '생산 수단을 소유한 부르주아계급과 가난한 노동자와 농민으로 구성된 프롤레타리아계급 간의 경제적 갈등과 투쟁이 역사상 일어나고 있는 모든 현상들을 결정하고 설명해 준다'는 이론입니다. 다시 말하면 물질, 또는 경제라는 하부 구조가 인간의 의식, 정치, 법률, 사상 등의 상부구조를 결정한다는 것입니다.

또 하나 기억해야 할 용어는 '사회주의'입니다. 칼 마르크스가 직접 내린 정의에 따르면, 사회주의란 사유재산제도의 철폐를 핵심으로 하는 사상이며, 공산주의는 이러한 사회주의가 국가 차원에서 실현되고 궁극적으로는 모두가 평등한 사회가 되어 국가조차도 필요 없어지는 상태를 지향하는 이데올로기를 말합니다. 칼 마르크스에게 사회주의란 공산주의라는 유토피아를 향해 가는 중간 단계 정도로 생각되었던 것 같습니다.

오늘날 많은 사람들이 사회주의국가를 복지국가로 착각하는 경우가 많은 것 같습니다. 사회주의는 원칙적으로 국가 주도의 계획경제를 실현시키고자 하는 것이기 때문에 국가의 권한이 매우 커집니다. 그래서 대부분의 복지가 국가 주도로 이루어지게 되는데 여기에서 사회주의와 복지국가를 같은 계열로 보는 착시 현상이 일어나는 것 같습니다.

그러나 복지국가는 단순히 국민들 모두가 좋은 복지 혜택을 받으며 살 수 있는 나라를 의미할 뿐입니다. 오히려 현실 세계에서는 대부분의 부유한 자본주의국가들이 사회주의 계획경제 국가들보다 더 많은 복지 혜택을 제공하고 있습니다. 그런 차원에서 사회주의 체제가 곧 복지국가로 가는 길을 예비하는 것처럼 생각하는 것은 잘못된 생각이 아닌가 합니다.

오히려 약자를 배려하는 복지는 국가가 개인의 자유를 제한하고 강제하는 방식이 아니라 개인이 더 자발적으로 베풀 수 있도록, 그리고 이웃과 공동체의 따뜻한 마음이 주도할 수 있도록 제도적으로 뒷받침해주는 방식으로 해야 오래도록 지속 가능하지 않을까 싶습니다.

그럼 이제부터 우리가 줄기차게 물어오고 있는 세 가지 궁극적인 질문에 대해 마르크스주의는 어떤 대답을 내어 놓는지 보겠습니다.

1. 인간이란 어떤 존재일까요?

마르크스주의는 세속적 인본주의와 많은 면에서 공통점을 지니고 있습니다. 넓게 보면, 마르크스주의도 인본주의의 한 영역에 속하는 세계관이기 때문입니다. 기본적으로 인본주의는 인간의 선함에 기초한 낙관적이고 긍정적인 인간관을 가지고 있습니다.

인간관의 측면에서 마르크스주의와 세속적 인본주의는 모두 초자연적인 존재를 부정하는 무신론적 세계관이며, 진화론을 신봉하는 물질주의 세계관이라는 공통점이 있습니다.

다만, 세속적 인본주의에서는 인간의 생물학적인 진화와 함께 인간 이성의 진화를 중요하게 생각한다면 마르크스주의에서는 물질적 진화 과정 속에 인간의 계급의식도 함께 진화하고 발전한다는 것을 강조하고 있다는 것이 차이점이라고 할 수 있을 것입니다.

2. 이 세상에는 왜 이렇게 문제가 많을까요?

마르크스주의는 인간 세상의 문제의 원인을 불평등한 물질의 분배에서 찾고 있습니다. 인간의 역사를 가진 자와 못 가진 자와의 대결과 갈등으로 보고, 이러한 대결과 갈등의 결과로 억압과 소외의 문제가 생겨난다고 주장을 합니다. 인간 사회의 가장 큰 문제는 계급 간의 갈등에서 비롯되는 억압과 소외라는 것이지요.

부르주아라고 불리는 가진 자들, 기득권자들이 경제적 생산수단과 그 열매를 독점하기 위해 가지지 못한 프롤레타리아계급을 억압하고 착취하는 것, 그래서 프롤레타리아계급이 마땅히 누려할 것에서 소외되어 불평등이 심화되고 영속화 되는 것이 인간 세상의 문제라는 것입니다. 그리고 이러한 불평등을 심화시키고 영속화하기 위해 부르주아계급들은 법과 제도, 그리고 문화를 자신들에게 유리하게 만들고 공고화시키고 있다는 것입니다.

특히, 마르크스주의는 "종교는 아편이다"라고 하면서 부르주아의 기득권을 유지시켜주는 주요한 수단으로 종교를 지목하고 있습니다.

절대자인 신에 대한 순종, 권위에 대한 복종 등을 강조하는 종교, 특히 서구의 기독교는 프롤레타리아계급으로 하여금 현실에 순응하게 하고, 자신들이 착취당하고 있다는 사실조차 깨닫지 못하게 하는 매우 악한 기재라고 생각합니다.

"자족하고 겸손하라, 그리고 지상에서의 보상이 아닌 천국에서 받을 상을 기대하라"고 가르치는 교회야 말로 프롤레타리아계급이 가지고 있는 혁명의 촛불을 꺼트리는 가장 큰 적인 것입니다.

3. 이 세상의 문제는 어떻게 해결할 수 있을까요?

소수 기득권자들의 부를 유지시켜주기 위해 지금까지 대다수의 프롤레타리아계급이 착취와 소외와 억압을 당해온 것이 문제였기 때문에 그들은 당연히 이들 프롤레타리아계급을 해방시켜 경제적 불평등을 해소시켜 줌으로써 인간 사회의 문제를 해결하려고 했습니다.

그런데 문제해결의 주체는 각성된 개인, 자발적인 개인이 아니라 공산당과 공산당을 이끌어 가고 있는 소수 엘리트 집단입니다.

이들은 자본주의를 인간의 탐욕에 기반 한 악한 체제로 규정하고, 공산주의는 '평등'에 기반 한 선한 체제라고 선전합니다. 그러나 자본주의야 말로 개인의 필요에 기반하여 사회의 각 구성원이 자신의 재능에 따라 다른 사람의 필요를 가장 효율적인 방식으로 채워 주고자 하는 동기에서 비롯된 경제 시스템입니다. 반면에 공산주의는 개인의 능력과 소망, 그리고 개인의 필요를 고려하지 않고 전체주의적인 방식으로 사회를 운영하여 필연적으로는 사회가 붕괴하게 되는 체제라는 것이 역사를 통해 판명되었습니다.

근대경제학의 아버지인 아담 스미스(Adam Smith, 1723-1790)는 그의 저서 『국부론』에서, 인간은 자신의 개인적인 이기심이 동기가되어 이윤을 추구하고 열심히 일하지만 그 모든 것은 합력하여 국가 전체의 '부'를 이루고, 그렇게 쌓인 국가의 부는 결국 다수 국민들의 이익으로 되돌아간다고 말했습니다. 이것이 바로 시장경제이고, '보이지 않는 손'이 자연스럽게 작동되는 방식입니다.

마르크스주의는 궁극적으로 각 사람들이 능력껏 일하고, 자신에게 필요한 만큼 이익을 가져가는 이상적인 공산주의 사회를 꿈꾸었습니다. 그러나 현실에서 나타난 공산주의 사회경제는 이러한 이상과는 거리가 멉니다.

현실에서는 공산당의 독재적인 경제 운용으로 경제의 효율성과 활력은 떨어지고 계획을 세우는 집단과의 멀고 가까움에 따라 이익을 편취하는 방식이 되다 보니 오히려 사회적 불평등이 심화되는 악순환이 계속되었습니다.

오늘날 대부분의 공산주의 혹은 사회주의 계획경제를 추구했던 나라들의 실태를 보면, 누구나 쉽게 이들이 왜 실패했는지 알 수 있습니다.

더구나 마르크스주의는 프롤레타리아계급을 해방시키고 공산주의 사회를 건설하는 것은 오직 과격한 사회혁명을 통해서만 이루어질 수 있다고 주장합니다. 왜냐하면 기존의 제도와 질서를 점진적인 방식으로 개혁하는 것에는 한계가 있다고 보았기 때문입니다.

마르크스주의자들은 혁명의 목적을 달성하기 위해서, 그리고 자신들이 말하는 사회적 진보를 이루기 위해서는 폭력과 거짓 등 수단과 방법을 가리지 않아도 된다고 말합니다.

이들은 보통사람들이 생각하는 윤리와는 전혀 다른 사회적 윤리관을 가지고 있는데, 그것을 '프롤레타리아 윤리'라고 합니다. 이러한 새로운 윤리관 하에서는 현존하는 사회질서, 기득권자들이 지배하고 있는 질서를 전복시키겠다는 원대하고 선한 목적을 위해서는 어떤 수단과 방법을 사용해도 괜찮고, 정당화될 수 있다고 믿습니다. 목적이 수단을 정당화한다는 논리가 마르크스주의 세계관에서 말하는 프롤레타리아 윤리의 핵심입니다.

구소련 공산당 기관지의 이름은 「프라우다(Prauda)」였습니다. '프라우다'는 소련 말로 '진실'이라는 의미라고 합니다. 그러나 실상은 거짓과 선동으로 국민을 속이고 피의 혁명을 불렀으며, 공산주의 유토피아 건설이라는 미명 하에 수많은 사람들을 죽음으로 내몰았습니다.

이렇게 보면, 20세기, 전 세계에 마르크스주의의 광풍이 휘몰았을 때 왜 그렇게 많은 사람들이 죽음으로 내 몰렸는지를 잘 이해할 수 있게 됩니다.

마르크스주의의 본질

우리는 제2차 세계대전 당시 나치의 유태인 대학살 '홀로코스트'에 대해 잘 알고 있습니다. 홀로코스트는 「쉰들러 리스트」나 「인생은 아름다워」 같은 영화나 『안네의 일기』 같은 소설의 주제로도 많이 등장했는데, 약 6백만 명의 유태인들이 단지 유태인이라는 이유만으로 수용소로, 가스실로 끌려가서 죽임을 당했던 사건입니다.

이 사건은 인류 역사상 가장 치욕스러운 사건으로 기억되고 있습니다. 이 사건을 계기로 '세계인권선언문'은 인간에게는 하늘이 부여한 '천부인권'이 있으며, 천부인권은 그 어느 누구도 빼앗을 수 없다는 것을 전 세계에 천명하기도 했습니다.

그러나 유태인을 학살한 나치 독일에 대해서는 전 세계가 그렇게 경악하며 재발을 방지하기 위해 온갖 노력을 다하고 있으면서 이념 때문에 자국민을 대량 학살한 공산주의에 대해서는 왜 모두 입을 다물고 있을까요? 왜 아무도 기억하려 하지 않을까요? 아직도 마르크스주의의 미몽에서 깨어나지 못하는 사람들이 너무 많이 있기 때문은 아닐까요?

마르크스주의, 공산주의에서는 인간을 영혼이 있는 존재로 보지 않습니다. 인간을 언제든 변할 수 있는 진화하는 물질로만 보는 사람들에게는 초월적 절대자로부터 부여되는 천부인권이란 개념도 없고, 절대적인 윤리와 도덕의 기준도 없습니다.

그렇기 때문에 마르크스주의 세계관 하에서는 평등한 유토피아

사회 건설이라는 원대한 목적을 위해서는 혁명을 수행하는 과정에서 일정 정도 수준의 사람들이 죽임을 당하는 것은 정당화될 수 있다고 믿습니다.

스탈린은 "한 사람의 죽음은 비극이지만 백만 명의 죽음은 단지 통계 수치에 불과하다"라고 말했다고 합니다. 그러니 공산주의 혁명이라는 목적을 달성하기 위해 수많은 사람들의 목숨을 가차 없이 처단한 것은 어쩌면 너무도 당연한 결과가 아닌가 싶습니다.

어떤 사람들은 마르크스주의가 "이상적으로는 좋은 아이디어였지만 현실에 적용하는 과정에 오류가 있었다"라고 주장합니다. 그러나 이러한 생각은 매우 순진한 생각입니다.

마르크스주의는 기본적으로 인간의 '죄성'에 대한 이해가 없었기 때문에 모든 것을 오판할 수밖에 없었습니다. 자본주의사회에서 문제가 되었던 인간의 이기심과 탐욕이 프롤레타리아 독재가 실현된 이상 국가에서는 적절히 통제될 수 있을 것이라고 생각했는데, 그것은 애당초 전제가 잘못된 것이었지요.

또한 "이웃의 것을 탐내지 말라"는 보편적인 도덕률에 기반 한 것이 아니라 프롤레타리아계급 독재를 실현하기 위해서라면 타인의 것이라 할지라도 강제로, 폭력적으로 빼앗는 것을 올바름이라고, 정의라고 여기는 비윤리적인 사상이었습니다.

각 개인의 자유와 그 자유에 따른 책임을 강조하기보다는 이웃과 사회를 탓하고, 다른 사람의 것을 정당한 대가를 지불하지 않고 빼앗는 것을 당연하게 여기는 사상, 목적이 수단을 정당화시킴으로써 필연적으로 폭력을 동반하고 계급이라는 전체를 위해 개인의 존엄성을 아무런 죄의식 없이 희생시켜버리는 사상. 그것이 바로 마르크스주의의 본질입니다. 태생부터 인류 사회를 지옥으로 만드는 설계도를 가지고 태어난 것이라고 할 수 있을 것입니다.

21세기의 마르크스주의

1989년 베를린 장벽이 무너졌을 때 동구권의 몰락과 소련의 해체로 마르크스주의는 사망 선고를 받았다고 생각했습니다. 그런데 왜 지금 마르크스주의에 대해 공부해야 할까요? 그 이유는 마르크스주의가 21세기에도 새로운 옷으로 갈아입고 다시 우리의 삶 속에 등장했기 때문입니다.

지금 서구 사회에는 마르크스가 공산주의 사회로 가는 전 단계의 전술로 채택했던 사회주의 노선을 지지하며 무상 보육, 무상 의료, 복지국가 구현이라는 아름다운 이름으로 개인의 자유에 대한 국가의 간섭과 통제를 확대시켜 나가려는 움직임이 강해지고 있습니다.

전 세계적으로 마르크스주의의 키워드인 '평등과 해방'의 이데올로기가 물결치고 있습니다. 남성의 권위로부터의 여성의 해방을 외치는 페미니즘, 성적 기득권자인 이성애자들의 억압으로부터 해방을 외치는 성소수자 권리 운동과 젠더 주류화 운동, 각종 증세를 통한 복지 확대, 기회의 평등이 아닌 결과의 평등을 구현하기 위한 정책들, 기업을 고사시킬 지경에 이르는 강성 노조의 활약 등 매일 뉴스에서 접하는 많은 이슈들을 살펴보면, 마르크스주의 세계관이 여전히 우리 생활에 큰 영향을 미치고 있다는 것을 발견할 수 있습니다.

특히, 요즘 많은 젊은이들이 기성세대의 권위에 반기를 들며 마르크스주의적 평등과 해방 이념에 열광하고 있습니다. 이들은 지금 현재 자신들에게 일어나고 있는 여러 가지 문제들이 모두 다른 사람들의 잘못 때문에 일어난 일이라고 믿습니다. 그 다른 사람들이란 바로 자신들의 부모를 포함한 기성세대를 말하며 기성세대, 기득권 세대의 탐욕 때문에 자신들은 마땅히 누려야 할 사회적인 몫을 잃어버린 희생자라고 생각하며 분노를 키워가고 있습니다. 이들에게 과연 기성세대는 무엇을 말해주어야 할까요?

대한민국의 근현대는 결코 평탄한 시대가 아니었습니다. 오늘의 대한민국은 그 시대를 있는 힘을 다해 헤쳐 나온 우리 부모님들의 피와 땀으로 이루어진 나라이고, 그들의 노력으로 5천 년 역사상 처음으로 배가 고프지 않는 시대, 누구나 교육을 받을 수 있는 시대가 열렸습니다.

뿐만 아니라 이제는 전 세계 어디에서도 대한민국을 깔보지 못하는 참으로 강하고 멋있는 나라가 되었습니다. 그런데 이런 대한민국을 '헬조선'이라고 비하하게 만드는 그 생각은 어디에서 비롯된 것일까요? 오늘날 대한민국에도 계급의식에 젖어 들어 기득권자, 가진 자, 우리의 부모 세대를 증오하게 만드는 마르크스의 망령이 떠돌고 있는 것은 아닐까요?

평등, 해방, 혁명… 너무도 매력적인 단어들입니다. 그러나 역사는 이런 아름다운 감상주의가 얼마나 참혹한 결과를 만들어 내었는지 분명히 말해주고 있습니다. 이것이 우리가 마르크스주의의 실체를 알아야 하고, 그것의 영향력을 분별해 낼 수 있어야 할 이유입니다.

❶ 다음은 1848년 마르크스와 엥겔스가 발표한 『공산당선언(The Communist Manifesto)』의 제일 마지막 부분입니다.

"공산주의자들은 자신의 견해와 의도를 감추는 것을 경멸 받을 일로 여긴다. 공산주의자들은 자신들의 목적이 현존하는 모든 사회질서를 폭력적으로 타도함으로써만 이루어질 수 있다는 것을 공공연하게 선언한다. 지배계급들로 하여금 공산주의 혁명 앞에서 벌벌 떨게 하라. 프롤레타리아가 혁명에서 잃을 것이라고는 쇠사슬뿐이요, 얻을 것은 세계 전체다."

위와 같이 마르크스주의는 프롤레타리아계급이 지배하는 유토피아를 건설하기 위해 폭력적인 혁명도 불사하겠다고 말합니다. 과연 목적이 선하면 수단이 정당화 될 수 있을지 생각해 봅시다.

❷ 마르크스주의는 모든 사회적 관계를 가진 자와 못 가진 자, 기득권과 피지배계급, 억압자와 억눌린 자, 피해자와 가해자라는 프레임으로 설명하고 있습니다. 현대의 페미니즘은 이러한 마르크스주의의 영향을 받아 남자들을 기득권자이자 가해자라고 말하고 여자들은 그런 남자들에게 억압받고 핍박당하는 피해자라고 설명합니다. 심지어 가정 내 남편과 아내의 관계조차 사랑의 관계가 아니라 투쟁의 대상으로 설정합니다. 이러한 관점에 대해 어떻게 생각하는지 이야기해 봅시다.

* 함께 읽으면 좋을 책

『국가(The Republic)』 플라톤 지음, 천병희 옮김, 숲

『동물농장』 조지 오웰 지음, 도정일 옮김, 민음사

포스트모더니즘
세계관

현대사회의 특징을 한마디로 요약한다면 '포스트모더니즘' 시대라는 말로 할 수 있을 것 같습니다. 그러므로 포스트모더니즘 세계관에 대해서 알아보기 전에 먼저 포스트모더니즘이란 무엇인가에 대해 이해할 필요가 있습니다.

그런데 이 일은 철학을 전공하신 분들에게도 매우 어려운 일이기 때문에 보통 사람들은 포스트모더니즘에서 이야기하고 있는 몇 가지 핵심적인 단어의 개념을 이해하는 수준이면 충분할 것 같습니다.

원래 모더니즘(Modernism)이라는 말은 '근대주의'라고 번역됩니다. 근대주의라는 것은 17-18세기 계몽주의의 영향으로 인간의 이성과 과학을 매우 신뢰하게 된 사조를 말합니다. '이성'과 '과학'이 19세기 이후, 현대 서구 근대 문명을 이끌어 온 핵심적인 단어가 된 것이지요.

그런데 20세기 중반부터 21세기로 넘어 오는 오늘날을 '포스트 모더니즘' 시대라고 부릅니다. 이것은 '근대를 넘어섰다' 이제 '근대 이후에 해당하는 시대'라는 말입니다.

그러면 근대를 넘어섰다는 말의 의미는 무엇일까요?

이는 근대를 표상하는 '인간의 이성'과 '과학'에 대한 신뢰가 깨어지기 시작했다는 말입니다. 이전 시대까지는 인간의 합리적인 이성과 과학의 힘으로 객관적인 '지식'을 알 수 있고, 절대적인 '진리'에 도달할 수 있다는 믿음이 있었는데 이제 그런 믿음이 흔들리는 시대가 되었다는 뜻입니다.

포스트모더니즘을 이해하기 위한 개념들

포스트모더니즘을 이해하기 위해서 알아야 할 몇 가지 중요한 개념들이 있습니다.

그 첫 번째가 '후기 구조주의(Post-structuralism)'입니다. '구조주의' 란 언어학에서 사용되던 개념으로써, 어떤 단어의 의미는 그것을 둘러싼 사회-문화적 구조에 의해 정의된다고 하는 생각입니다.

예를 들어 "여자가 왜 그래?"라고 말할 때, '여자'라는 단어는 단순히 생물학적인 성별을 구별하기 위해 쓰인 단어가 아니라 '여자'란 이러저러해야 한다는 관념을 총체적으로 담고 있는 단어라고 보는 것입니다.

이 단어를 제대로 이해하기 위해서는 전통적인 유교적 봉건사회가 갖고 있는 가부장적인 문화와 사회적인 구조를 통해 보아야 비로써 진짜 의미를 파악할 수 있게 된다는 것입니다. 이렇게 사회적 구조와의 관계성 속에서 언어의 실제 의미를 파악하는 것을 '구조주의'라고 합니다.

그런데 포스트모더니즘과 함께 등장하는 후기 구조주의는 구조주의가 이야기하고 있는 이런 사회적, 문화적 구조 자체가 허위이고 모순이기 때문에 이를 해체해야 한다고 주장하는 것입니다.

서로 대립되는 개념들 간의 관계로부터 의미를 파악하려고 했던 구조주의와는 달리 후기 구조주의에서는 전형적인 대립 개념에 기초한 관습과 문화적 구조 자체를 해체할 것을 주장하고 있습니다. 예를 들면 남자와 여자, 동성애와 이성애 등과 같은 것을 구별 짓는 모든 사회 문화적 구조를 해체시켜야 한다는 것입니다.

포스트모더니즘에서는 이런 후기 구조주의적 관점에서 기존의 가치와 그 가치를 유지시켜주던 사회 문화적인 구조나 신념들을 해체하는 것을 인간 해방의 주요 과제라고 생각하고 있습니다.

그러다 보니 포스트모더니즘에서는 '해체'라는 개념이 매우 중요합니다. 특히 '언어'가 어떻게 해체될 수 있는지에 대해 관심을 가집니다.

해체주의자들은 어떤 글의 실제 의미나, 전제, 가정, 또는 이 글의 이면에 있는 사상 등을 밝히기 위해서는 모든 텍스트들이 분해되고 해체되어 재구성될 수 있어야 한다고 생각합니다.

따라서 글을 쓴 작가의 의도나 텍스트가 표면적으로 명확하게 말하고 있는 의미보다는 그 글을 읽는 독자의 해석을 더 중요시합니다. 해체주의를 간단히 말하면 글을 쓴 작가의 의도와 상관없이 독자가 마음대로 그 글을 해체해서 이해해도 된다는 뜻입니다. 이것은 글을 쓴 작가에게 읽는 독자가 "그건 네 생각이고. 나는 내 맘대로 생각할래" 하고 말하는 것입니다.

우리가 잘 아는 『춘향전』을 예로 들어 볼까요?

『춘향전』의 작가는 이 소설을 성춘향과 이몽룡이라는 청춘남녀의 사랑 이야기를 주제로 썼다고 합시다. 그런데 어떤 사람들, 즉 어떤 독자들은 작가의 원래 의도와는 완전히 다르게 이 이야기가 변학도로 대표되는 국가권력, 또는 사악한 지배세력에 항거하는 춘향으로 대변되는 가녀린 민초들의 저항소설이라고 이해할 수도 있다는 것입니다.

여기까지만 이야기해도 포스트모더니즘에 있어서 우리가 사용하는 언어가 얼마나 혼란스럽게 되었는지, 얼마나 아전인수 격으로 해석될 수 있는지 감이 좀 잡히실 것입니다.

그러면 이제 저희가 던지는 세 가지 거대한 질문에 포스트모더니즘 세계관은 어떤 대답을 하고 있는지 살펴보겠습니다.

1. 인간은 어떤 존재일까요?

여기에 대해 포스트모더니즘은 인간에게 하나의 고유하고 단일한 정체성이란 존재하지 않는다고 말합니다.

포스트모더니즘의 명제를 한마디로 말한다면, "그건 네 생각이고 내 생각은 달라"라고 하는 '상대주의'입니다. "내 경험은 너의 경험이랑은 달라 그러니 나한테 너의 생각 따위를 강요하지 마. 우리는 각각 다른 상황에 처해 있잖아" 하고 말하는 '상황주의'입니다. 따라서 포스트모더니즘에서는 '인간'이라는 단어조차도 주관적인 상황과, 경험 그리고 자기가 어떻게 해석하는지에 따라 여러 가지 함의를 지닐 수 있게 되는 것입니다.

인간에 대한 포스트모더니즘 세계관에서의 생각들을 몇 가지 소개해 보자면 다음과 같습니다.

먼저 인간은 고도로 성적이고 사회적인 동물입니다.

이 동물은 하나의 정체성을 가지고 있지 않고 지속적으로 진화하면서 여러 가지 주관적인 이해관계를 가지고 있습니다. 그리고 또한 그런 자신을 인정하고 받아달라고 소리치는 존재입니다.

달리 말하면, 인간에게 미리 정해진 자연적 본성이나 자아 같은 것이나 내면의 중심을 붙잡아 주는 영혼 같은 것은 존재하지 않는다고 말합니다.

인간이란 그저 다양한 관계 속에서 사회적으로 구성된 모음체에 불과합니다. 따라서 우리 각자는 자기가 원하는 데로 인간이라고 구성된 여러 부분 중에서 일부분만을 선택해서 주관적으로 받아들이면 되는 것입니다.

이러한 포스트모더니즘 세계관에서는 인간의 가장 기본적인 정체성인 남자와 여자라는 성 정체성 개념 역시 해체됩니다.

예를 들어, 생물학적으로는 XY염색체로 구성된 한 남자가 있다고 합시다. 그런데 그가 어느 날 자신을 여자라고 주장을 하며 앞으

로는 자신을 '여자'라고 불러달라고 말합니다.

그는 자신의 사회적, 문화적, 생물학적, 정치적 정체성 등 여러 가지 정체성 가운데 성 정체성에 관해서는 주관적으로 '여성'이라는 정체성을 선택한 것입니다. 그리고 다른 사람들에게 "당신 눈에는 내가 남자로 보이지, 그런데 그건 당신 생각에 불과해. 나는 나를 남자라고 생각하지 않아, 내 몸이 XY염색체로 구성되어 있다는 것이 의학적이고 객관적인 사실이라고? 그건 너의 생각일 뿐, 나는 그것을 받아들이지 않겠어"라고 말합니다.

그러나 이들이 그렇게 주어진 생물학적인 성 정체성을 바꾸려고 하고 거부하기도 하고, 심지어는 성 정체성이 스펙트럼으로 구성되어 있으며 날마다 변한다고 주장하기까지 하지만 그 변화의 폭은 여전히 남자와 여자라는 두 극단의 정체성 사이 그 어디쯤에서 벗어나지 못하고 있다는 사실은 참 아이러니하게 생각됩니다.

어떠한 경우에도 인간이 완전히 성 정체성을 해체시켜버려서 남성이나 여성이 아닌 제3의 성적인 특성을 가진 존재가 되거나 인간이 아닌 선혀 다른 생명체가 될 수는 없습니다. 포스트모더니즘 세계관을 가진 이들이 아무리 이 사실을 거부하고 싶어도 진실을 거부할 수는 없습니다. 손바닥으로 하늘을 가릴 수 없는 것처럼 말입니다.

세계관 특강

2. 이 세상에는 왜 이렇게 문제가 많을까요?

포스트모더니즘 세계관에서는 아무것도 고정된 것, 객관적인 것, 현실 세계에서 실체로 존재하는 것은 없습니다. 그러니 존재한다고 주장하는 모든 것을 다 동일한 가치로 인정하고 받아들여 주어야 합니다.

그런데 문제는 객관적인 사실이라는 것도 없고, 결정적인 진리도 없는데 나만 옳다고 주장하는 사람들이 있다는 것입니다. 이들의 배타적이고, 비관용적이고 포용하지 못하는 태도야 말로 이 세상의 문제의 근원입니다. 특히, 세상의 이치를 설명하는 거대담론(Meta narrative)이 있다거나, 혹은 절대적인 진리가 있다고 주장하면서 그 진리에 반드시 순종하며 살아야 한다고 강요하는 종교는 매우 폭력적이고 억압적인 것으로 인식됩니다.

그런 의미에서 유일하신 하나님 이외에 다른 신을 섬기지 말라고 명령하는 기독교와는 타협이 불가능하게 됩니다.

포스트모더니즘 세계관에서는 사회 구성원 간의 평화롭고 조화로운 생활을 위해서 절대적인 진리나 사상이 있다고 믿거나 또 그런 내용을 주장하는 세력을 해체시키거나 그들로부터 해방되어야 합니다.

3. 이 세상의 문제들은 어떻게 해결할 수 있을까요?

포스트모더니즘 세계관이 완전히 지배하는 사회의 모습은 어떨까요? 모두가 서로의 차이를 인정하며 포용하는 원만한 사회가 될까요? 아니면 너도나도 각자 자기가 믿는 바대로, 자기 소신에 옳은 대로 행동하고 살아가니 몹시도 혼란스러운 사회가 될까요?

아마 전자보다는 후자일 가능성이 높을 것이라고 상상이 됩니다. 그래서 이러한 혼란을 최소화하고 조화롭게 살아갈 수 있는 최선의 길을 찾는 것이야 말로 포스트모더니즘 세계관이 추구하는 바입니다. 이를 위해 포스트모더니즘 세계관에서는 대화와 사회적 실용성을 강조합니다. 절대적인 '진리'라는 것이 객관적으로 존재하지 않으니 서로 대화를 통해서 가장 실용적이고 최적화된 합의점을 찾아가자는 것입니다.

그래서 서로 합의할 수 있는 정도의 수준에 이르는 진리, 다른 사람들과 사는데 별로 불편하지 않을 정도의 진리를 찾아내어서 거기에 맞추어 살자고 하는 것입니다.

'성치적 올바름(Political Correctness)'이라는 단어를 들어보셨을 것입니다. 어떤 문제가 옳은지, 그른지, 사실인지, 거짓인지는 잘 모르겠지만 서로 참아주면서 서로 기분을 상하지 않는 선에서 적당히 살아가자고 하는 것이 바로 정치적 올바름이 표방하는 바입니다.

요즘 우리 사회에서도 쉽게 들어 볼 수 있는 '혐오와 차별 금지'와 같은 것이 바로 정치적 올바름의 대표적인 표어입니다.

그러나 포스트모더니즘 세계관의 가장 큰 맹점은 다른 모든 세계관을 부정하면서 오직 자신들의 세계관만이 옳다고 주장하는 것입니다. 모든 것이 상대적인데 오직 '상대주의'에 대한 자신들의 믿음만은 '절대적'으로 옳다고 주장하는 것이지요.

정치적인 올바름을 이유로 '혐오와 차별 금지'를 주장하는 성소수자 인권운동 단체들이 목소리를 높이고 있습니다. 이들은 자신들의 주장을 모든 사회 구성원들이 다 받아들이고 포용해줄 것을 외치면서도 성소수자 운동에 반대하는 사람들은 참아주지를 못하고, 반대편의 입장을 인정해주려고도 하지도 않습니다. 이런 이율배반적인 모습에서 포스트모더니즘 세계관의 위선을 볼 수 있습니다.

뿌리 없이 흔들리는 사람들

포스트모더니즘 세계관은 역사가 매우 유구합니다.

고대 그리스에는 소피스트라는 사람들이 있었습니다. 당시 소피스트들은 사람들에게 말로 선동하고 설득하는 방법을 가르쳐주면서 많은 돈을 벌고 있었습니다. 플라톤은 소피스트들을 자신들의 주장으로 상대방을 설득하기 위해 온갖 괴변을 늘어놓는 자들이라며 매우 싫어했습니다. 그런데 이들의 계보를 걸출한 이 시대의 포스트모더니즘 철학자들과 예술가들이 잇고 있습니다.

예전에는 어떤 그림을 보거나 음악을 들으면 누구에게나 아름답고 감동적이며 영감을 주는 작품이라고 말할 만 한 것이 있었습니다. 미켈란젤로의 조각들, 레오나르도 다빈치나 렘브란트의 그림들, 바흐나 헨델, 베토벤과 모차르트의 음악처럼 시대를 불문하고 누구에게나 감동을 주는 아름다운 예술 작품이라고 인정할 만한 근거가 있었다는 것입니다. 그런데 이제는 더 이상 예술에 대해 보편적인 아름다움을 논할 수 없게 되었습니다.

포스트모더니즘 시대는 그림을 그린 작가의 의도나 솜씨보다는 그것을 보고 해설하는 비평가의 능력이 더 높이 평가받는 시대이고, 우리의 귀를 즐겁게 하는 소리보다는 난해한 불협화음이나 기계음으로 만든 음악들이 더 창의적이라고 칭송받는 시대이기 때문입니다.

세계관 특강

이들의 주장은 말장난 같지만 이들의 영향력은 참으로 거대해서 이 시대 사람들을 뿌리도 없이 흔들리며 혼돈 속에서 살아가는 존재로 만들고 있습니다.

기독교와 포스트모더니즘의 하이브리드

마지막으로 '크리스천 포스트모더니스트(Christian Postmodernist)'라고 주장하는 사람들에 대해 간단히 언급하고 싶습니다. 말 그대로 성경적 세계관과 포스트모더니즘 세계관 모두를 갖고 있으면서도 별로 마음에 갈등이 없는 사람들을 말합니다.

이들은 '하나님'의 존재를 부정하지는 않지만 성경의 말씀이 시대와 문화를 불문하고 변함없이 적용되는 절대적인 진리라고 생각하지 않습니다.

성경의 저자들 역시 특정 시대의 사회 문화적 산물이고 하나님에 대한 자신들의 지극히 개인적이고 주관적인 경험을 바탕으로 쓴 글이기 때문에, 오늘날 성경을 읽는 우리는 우리의 경험과 우리 시대

의 정신에 맞게 성경의 텍스트를 재해석해야 한다고 주장합니다.

이러한 태도는 성경을 하나님의 영감으로 성령의 인도하심을 받아 사명자들이 쓴 책이라고 말하는 전통적인 기독교 신앙과는 완전히 배치되는 것입니다. 이들은 성경이 절대적인 권위를 가진 하나님의 말씀이라는 것을 인정하지 않고, 그저 세상의 많은 좋은 책 중에 가장 괜찮은 책이라고 생각하는 것입니다.

세계관 특강

또한 크리스천 포스트모더니스트들에 있어서 인간 사회의 문제는 하나님을 거역하는 인간의 죄성에서 비롯된 것이 아니라 다른 사람들과의 관계 속에서 조화롭게 살아가는 능력이 부족해서 생겨났다고 생각합니다. 그래서 우리에게 필요한 것은 죄에서 돌이키는 '회개'가 아니라 부족한 능력을 채우고 고치는 '치유'입니다. 그렇기 때문에 이들에게는 예수 그리스도의 십자가와 부활이 구원의 절대적인 요소가 아닙니다. 오히려 어떻게 하면 예수님의 삶의 방식과 이웃과 평화를 추구하며 조화롭게 살아갔던 도덕적인 삶의 발자취를 잘 따라갈 수 있을까 하는 문제를, 영혼의 궁극적인 구원보다 더 중요하게 생각합니다.

이런 생각을 가진 사람들을 그리스도인이라고 부르는데 동의하십니까? 포스트모더니즘 세계관에 따르면, 여러분이 동의하던 하지 않던 그건 여러분의 생각이며 여러분의 해석과 판단에 달려있는 것입니다.

❶ 뉴욕 구겐하임 현대 미술관 화장실에는 이탈리아의 마우리치오 카텔란 (Maurizio Cattelan)이라는 예술가가 만든 황금으로 된 변기가 작품으로 전시되어 있다고 합니다. 이 작품의 제목은 '아메리카(America)'이며 관람객들이 실제로 변기를 사용할 수도 있다고 합니다.

이 작품이 어떤 의미를 가지고 있는지 각자의 방식으로 해석해 보고, 현대미술 작품 중 이렇게 아름다움과는 거리가 먼 작품들, 다만 충격을 주기 위한 목적으로만 제작된 것 같은 특이한 작품들이 인기를 끌고 있는 이유에 대해 이야기해 봅시다.

❷ 영국, 독일 등 서유럽의 여러 나라들과 미국과 캐나다에서는 '차별금지법(Anti-Discrimination Law)', '평등법(Equality Act)' 또는 공공질서법(Public Order Act)이라는 이름으로 성소수자에 대한 보호를 매우 강조하고 있습니다. 이들을 비판하거나 이들에 대한 편의 정책에 반대하는 사람들은 '혐오 세력'이 되어 형사처벌을 받거나 직장에서 쫓겨나는 등의 사회적으로 처벌을 받고 있습니다.

심지어 동성애를 '죄'라고 하고, 결혼은 오직 '한 남자와 한 여자' 사이에만 이루어져야 한다고 기록하고 있는 성경이 '불온서적'으로 분류되기도 하고, 성경을 진리라고 말하며 신앙의 양심을 지키려는 크리스천들이 법을 어긴 범죄자가 되기도 합니다.

모든 주장과 차이를 다 포용하는 것을 모토로 하는 포스트모더니즘 시대에 기독교 신앙은 포용의 대상이 될 수 없다고 하고, 기독교적 가르침을 선포하는 것을 법으로 막고 있는 현실에 대해 조사해 보고, 우리나라에서 이런 일들이 일어난다면 어떻게 대처해야 할지 이야기해 봅시다.

* 함께 읽으면 좋을 책

『글로벌 성혁명(The Republic)』 가브리엘 쿠비 지음, 정소영 옮김, 밝은생각

『고도를 기다리며』 사무엘 베케트 지음, 오증자 옮김, 민음사

뉴에이지
세계관

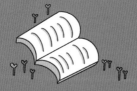

오늘날 '뉴에이지(New Age)'라는 말이 유행처럼 떠돌아다니고 있습니다. 그러나 이 단어의 뜻을 정확히 정의할 수 있는 사람은 그리 많지 않은 것 같습니다.

다만 뉴에이지 무브먼트, 뉴에이지 뮤직, 새로운 시대의 영성이라는 의미의 뉴 스피리츄얼리티(New Spirituality) 같은 말을 들으면 뭔가 신비하기도 하고 동경심이 생기기도 합니다.

사실 뉴에이지는 새로운 세계관이라기보다는 동양 종교인 불교와 힌두교의 영향을 받은 고대 신비주의 세계관의 귀환, 혹은 현대판 신비주의라는 말로 설명되지 않을까 싶습니다. 그런 의미에서 '새로운 시대'라는 의미의 뉴에이지라는 단어보다는 '새로운 영성'이라는 단어가 더 적합할 것 같기도 합니다.

기독교인들은 초월자이신 하나님께서 인간을 창조하셨지만 인간

은 죄로 인해 타락했고, 이러한 죄의 문제를 해결하기 위해 2천 년 전, 예수 그리스도께서 이 세상에 오셔서 십자가에서 죽으심으로 인류의 죗값을 치르시고 부활하셨다는 것을 믿는 초월적 세계관을 가지고 있습니다.

반면에, 세속적 인본주의자들은 인간을 어떤 특별한 존재로 보지 않고, 그저 우연히 발생한 물질에 불과하며 오랜 진화의 산물이라고 믿습니다. 그리고 이들은 인간의 힘으로 이 땅에서 최선을 다해 사는 것이 전부이며 죽음 이후에는 아무것도 없다고 믿는 현세주의적인 세계관을 가지고 있습니다.

이슬람교도들은 매일 신앙고백과 기도, 구제, 성지순례 그리고 성전(Holy war) 등 이슬람의 다섯 기둥을 행함으로 구원을 받을 수 있다고 생각하고, 마르크스주의자들은 가진 자에 대한 깊은 분노를 가지고 이를 타파하려는 프롤레타리아 혁명이 가져올 이상향에 대한 기대를 가지고 있습니다.

앞서 다루었던 포스트모더니즘 세계관의 경우, 인간의 이성에 대해 의심하기 시작하면서 모든 것은 다 상대적이고 절대적인 것은 없다고 믿는 상대주의를 특징으로 하고 있습니다. 이렇듯 각각의 세계관은 나름대로 색깔과 주장하는 바가 뚜렷이 구분될 수 있습니다.

그런데 뉴에이지 세계관의 경우, 스스로 뉴에이지 세계관을 가지고 있다고 말하는 사람들마다 비슷한 이야기를 하는 것 같기도 하시만 서로 다른 점들도 많아서 도대체 뉴에이지 세계관의 신봉자들은 어떤 핵심적인 신념 체계를 공통으로 가지고 있는지 말하기가 매우 어렵습니다.

그럼에도 불구하고 뉴에이지 세계관을 또 하나의 세계관으로 보는 이유는 뉴에이지 운동이 표현하고 있는 다양한 모습들이 오늘날 전 세계적으로 새로운 라이프 스타일로 각광받으며 생활 속에 스며들어 있기 때문입니다.

그래서 지금까지 세계관을 구별하기 위한 질문들에 대해서 뉴에이지 세계관으로부터는 구체적인 답을 얻어내기가 다소 힘들다 할지라도 최대한 다른 세계관들과 구별되는 점들을 찾아 내보려고 합니다.

1. 인간은 어떤 존재일까요?

한 마디로 말하면, 우리 각 사람은 모두 어떠한 영성, 스피릿(Spirit)을 가졌다는 의미에서 하나의 작은 신입니다. 좀 더 정확히 말하면 신적인 특성을 가진 존재입니다.

그러나 뉴에이지 세계관에서는 인간만이 영성을 가진 특별한 존재가 아니라 온 우주 만물의 모든 생명체, 심지어는 지구를 포함하는 무생물까지도 마치 하나의 영성을 지닌 존재로 인식하고 있습니다. '가이아'라든지 '모성으로서의 지구(mother nature)' 같은 말을 들어 보았을 텐데, 이렇게 이 세상 모든 만물들을 살아있는 것, 영성을 지닌 존재로 인식하고 그에 맞게 대우하는 것이 뉴에이지 세계관의 가장 큰 특징이라고 할 수 있습니다.

뉴에이지 세계관에서는 인간과 자연을 구분하기보다는 모두가 어떤 거대한 '정신' 혹은 '집단의식'에 연결되어 있고, 이러한 연결성을 통해 서로 상호작용하고 조화를 이루는 영적인 존재로 보고 있습니다.

그래서 물질이나 육체는 상대적으로 중요하지 않다고 생각하거나 아예 육체, 혹은 객관적 현실, 실체라는 것은 허상에 불과하다고 믿습니다. 오직 영적인 것, 정신적인 것이 존재하는 모든 것이라는 것입니다.

제임스 캐머런(James Cameron) 감독의 「아바타(Avatar)」라는 영화 속에서는 '생명나무' 같아 보이는 거대한 나무 한 그루가 신비의 종족인 나비족이 사는 행성에 있습니다. 평화로운 나비족의 세계에 지구에서 온 악당들이 침입해 오자, 온 부족민이 함께 모여 앉아서 손에 손을 잡고 몸을 좌우로 흔들면서 이상한 주문을 집단적으로 외웁니다. 그러자 그 생명나무와 모든 부족민들은 서로 연결되어 엄청난 에너지와 힘을 내어 침략자들을 물리치게 됩니다.

이것은 뉴에이지 세계관을 가장 잘 표현한 장면 중 하나라고 할 수 있습니다. 뉴에이지 세계관에서는 우주적인 신비한 힘이 존재하고 손에 손을 맞잡는 방식으로 모든 우주만물은 서로 연결되어 있다고 생각하며, 인간 역시 우주에 연결된 존재 중 하나로 인식하고 있는 것입니다.

여전히 전설적인 인기를 누리고 있는 「스타워즈(Star Wars)」 시리즈에서는 악당을 무찌르는 제다이(Jedi) 전사들을 강하게 만드는 알 수 없는 힘의 근원이나 에너지를 '포스(Force)'라고 부릅니다. 그래서 이들은 서로 헤어질 때 "포스가 당신과 함께 하시기를(Force be with you)"이라는 축복의 말을 건넵니다. 이 말은 우주적 힘의 근원이 너와 함께 있어 너에게 특별한 능력을 불어 넣어주기를 바란다는 의미이겠지요.

뉴에이지 세계관에서 말하는 거대한 정신, 에너지, 생명의 근원 등은 뭔가 신비로운 힘을 지닌 존재이긴 하지만, 기독교의 하나님처럼 인간과 개별적으로 상호작용을 하거나, 인간 사회나 역사에 직접적으로 개입하고 인간을 사랑하는 그런 인격적인 존재가 아닙니다. 그저 보이지는 않지만 우주에 존재하는 알 수는 없지만 무한하고 능력이 있는 그 무엇인 것입니다.

그리고 인간은 그러한 비인격적인 힘의 일부로 존재하면서 명상이나 수련을 통해서 자아 속에 잠재되어 있는 정신적인 에너지나 신적인 특성을 고양시켜나갈 수 있는 잠재력을 가진 존재입니다.

2. 이 세상에는 왜 이렇게 문제가 많을까요?

그런데 이러한 신적인 영성을 가지고 온 우주와 연결되어 있는 인간들이 모여서 사는 사회에 왜 이렇게 문제가 많을까요?

뉴에이지 세계관은 이 세상에서 발생하는 모든 문제의 근원으로 인간의 지극히 작은 '자아(Ego)'를 지적하고 있습니다. 이 작고 이기적인 자아 때문에 거대하고 진정한 우주적인 자아와 서로 상호작용하고 소통하는 것이 잘 되지 않는다는 것입니다. 이러한 연결성의 실패로 인해 인간뿐 아니라 우주만물 모두가 조화를 이루지 못하고 있으며, 더 나은 초월적 단계로 나아가지 못한다고 믿습니다.

또 한 가지의 문제로는 제도화된 종교나 정치와 같은 사회 시스템이 자아의 부패에 일조하고 있다고 생각합니다.

뉴에이지의 신봉자들은 기존의 제도권 종교가 지나치게 인간을 제한하고 있다고 하면서 특정 종교를 믿는 것에 대해 매우 비판적인 입장을 취하고 있습니다. 그래서 뉴에이지에서 말하는 우주의 근원으로 모든 믿음의 체계를 포용하는 새로운 차원의 세계 종교를 만들기 원합니다. 요즘 전 세계적으로 일어나고 있는 종교다원주의 또는 종교통합운동도 그런 시도 중의 하나라고 볼 수 있습니다.

3. 이 세상의 문제는 어떻게 해결할 수 있을까요?

문제의 근원이 이기심으로 가득 찬 작은 자아임으로 자아로부터의 해방이 해결책이라고 할 수 있습니다.

이기적이고 작은 자아로부터의 자유는 요가나 명상 등의 훈련을 통해 스스로 얻을 수 있습니다. 끊임없는 자기 수련을 통한 자아의 극복, 자기 자신을 비워내고 그 빈자리에 우주적인 에너지를 채워 넣는 것이 바로 뉴에이지 세계관을 가진 사람들이 스스로를 구원하는 방식입니다.

이것을 다른 방식으로 말하면, 윤회하는 삶으로부터 벗어나는 해탈과 비슷하다고 할 수 있습니다. 불교에서 말하는 해탈 역시, 인간의 삶을 얽매고 있는 모든 관계와 육체적인 욕망으로부터 벗어나 자유로워지는 것을 의미하기 때문입니다.

불교에서는 인간은 살아가면서 선한 일을 하면 선한 보응을 받고 악한 일을 하면 악한 보응을 받게 되는데 이 과정에서 '카르마 (Karma, 업보)'를 쌓게 됩니다. 그러므로 이생의 삶을 사는 동안 절제와 수련 등을 통해 자신의 업보를 씻어내면 끊임없이 반복되는 윤회의 굴레에서 벗어나 궁극적인 평화와 행복의 상태인 '열반'에 도달할 수 있다고 믿는 것입니다.

이러한 세계관에 있어서는 인간이 이 세상에서 고난을 겪는 것은 당연한 일이며 업보를 씻어내기 위해서라도 인간은 마땅히 고난을 겪어야 합니다. 누군가 고난을 겪고 있는 것은 전생에 무언가 잘못한 일이 있기 때문에 생기는 일입니다. 그러므로 자신의 업보를 씻어내고 열반에 점점 다가갈 수 있도록 스스로 노력해야 하는 것입니다.

인도의 카스트 제도라는 것을 들어보셨을 겁니다. 모든 사람들을 가장 성스럽고 존경받는 '브라만(Brahman) 계급'으로부터 군인 계급인 '크샤트리아(Kshatriya)', 일반인 계급인 '바이샤(Vaisya)', 그리고 육체노동자 계급인 '수드라(Sudra)', 이렇게 네 계급으로 나눕니다. 지금은 법적으로는 폐지되었다고 하지만 여전히 인도인의 생활 속에 살아 있는 관념입니다. 인도의 힌두교인들은 하층 카스트에 있는 사람들에게 무관심할 뿐 아니라 때론 냉정하게 대하기까지 하는데도, 하층 카스트에 있는 사람들은 자신이 그러한 계급에서 태어나 사회적으로 천대받는 것에 대해 불합리하다거나 불공평하다고 생각하지 않는다고 합니다. 왜냐하면 지금 이생에서 겪고 있는 고생은 전생의 업보를 씻고 다음 생에서 더 나은 카스트로 태어나기 위한 과정이라고 믿기 때문이라고 합니다.

이렇듯 각 개인이 자신의 노력으로 영성을 각성시켜 육체나 현실의 삶에서 벗어남으로써 우리 삶과 사회의 모든 문제를 해결할 수 있다고 믿는 것이 뉴에이지 세계관입니다.

라이프 스타일이 된
뉴에이지 세계관

10여 년 전, 론다 번(Rhonda Byrne)이란 작가의 『시크릿(Secret)』(살림)이란 책이 국내에 번역되어 베스트셀러가 된 일이 있었습니다. 이 책은 우주의 긍정적인 기운을 자기에게로 끌어당기면 원하는 바를 이룰 수 있다는 메시지를 담고 있는데, 우리나라에서만 베스트셀러가 된 것이 아니라 전 세계적으로도 선풍적인 인기를 끌면서 뉴에이지 세계관의 영향력을 다시 한 번 확인할 수 있었던 계기가 되었습니다.

어떤 특정한 종교가 아니라 알 수 없는 우주적인 힘과 자신을 연결시켜 스스로 초월적인 존재가 되고자 하는 인간의 열망, 그리고 스스로 신적인 존재가 되고 싶어 하는 인간의 욕망을 잘 건드린 것이 이 책의 성공 요인이었다고 생각됩니다.

세상과 결별하여 '도'를 닦고 있다는 수많은 수행자들과 지혜자라고 불리는 사람들, 세상 한 가운데 가장 화려한 곳인 할리우드(Hollywood)를 비롯한 문화의 영역에 있는 사람들, 그리고 종교계를 움직이는 거장들이 모두 뉴에이지 세계관을 가지고 세상을 살아가고 있고, 뉴에이지 세계관으로 세상을 변화시키려 하고 있습니다.

이들은 각각 구체적으로 추구하는 바는 다를지 몰라도 인격적인 하나님을 믿고 따르는 기독교와는 전혀 다른, 새로운 영성을 가르치고 새로운 세계관을 전파하는 사람들입니다.

세계관 특강

그리고 이들의 영향은 새로운 학문과 제도에서 뿐만 아니라 일상에서 소소하게는 타로나 사주, 점을 보는 일로부터 무속 신앙에서 말하는 신내림을 받거나 죽은 영혼을 불러내어 소통하고자 하는 시도에 이르기까지 인간의 영적인 갈망을 채워주는 다양한 형태로 나타나고 있습니다.

단 하나의 초월적인 절대자를 인정하기보다는 알 수 없는 영적 근원에 기대어 한 사람 한 사람을 작은 신이라고 추앙하는 것과 스스로의 노력으로 우주의 힘과 합일을 이루어 무언가 이루어보려 애쓰는 뉴에이지 세계관의 종착점이 결국에는 불교, 도교, 힌두교, 무속 신앙 등 여러 가지 종교의 혼합물의 불과하다는 사실은 인간이 얼마나 연약한 존재인지 더욱 극명하게 보여주고 있는 것 같습니다.

어떻게 보면 신비롭고, 어떻게 보면 참 재미있는 세계관이라고 할 수 있는 뉴에이지 세계관이 오늘날처럼 이성과 과학이 중시되는 시대에 왜 이렇게 유행하고 있는지 그 이유를 이해하기 어렵지만, 어느 누구도 자신이 뉴에이지 세계관에 얼마나 익숙해 있는지, 그리고 이것이 하나의 세계관으로써 자신의 삶의 태도에 얼마나 큰 영향을 미치고 있는지는 잘 깨닫지 못하고 있다는 것만은 확실한 것 같습니다.

뉴에이지 세계관을 굳이 독립된 세계관이라고 말할 수 있는가 하는 의문에도 불구하고, 뉴에이지 세계관을 공부하고 분별해야 하는 이유는 이 세계관이 우리 삶 가운데 이미 성큼 들어와 있기 때문이 아닐까요?

세계관 특강

❶ 과학과 이성의 시대에 고대 종교나 범신론의 결합으로 보이는 뉴에이지 운동이 인기를 끄는 이유는 무엇이라고 생각하는지 이야기해 봅시다.

❷ 최근 자신이 접한 문화생활이나 여가 생활(영화, 음악, 게임, 소설, 드라마, 스포츠 등)에서 뉴에이지 세계관의 영향을 받았다고 생각되는 분야를 찾아보고, 그렇게 생각하는 이유를 이야기해 봅시다.

＊ 함께 읽으면 좋을 책

『시크릿』 론다 번 지음, 김우열 옮김, 살림

『그리스 로마 신화』 토마스 벌핀치 지음, 이윤기 옮김, 창해

현대 사회의 이슈들과
세계관

　　　　　지금까지 현대사회를 지배하고 있는
대표적인 세계관으로 성경적 세계관, 이슬람 세계관, 세속적 인본
주의, 마르크스주의, 포스트모더니즘 그리고 뉴에이지 세계관을 살
펴보았습니다.

　　그리고 이 여섯 가지 세계관의 특징을 인간이 가지고 있는 가장
근본적인 세 가지 질문에 대답을 하는 형식으로 설명하였습니다.

그 질문들을 좀 다른 방식으로 정리하면, 다음과 같은 표로 나타낼 수 있습니다.

	인간이란?	인간 사회를 보는 관점은?	인간 사회의 문제해결 방법은?
성경적 세계관	삼위일체 유신론(창조론)	이원론(초자연/현세)	신과의 사랑의 관계 회복
이슬람 세계관	일신론적 유신론(창조론)	이원론(초자연/현세)	신에 대한 복종
세속적 인본주의	무신론(진화론)	유물론/자연주의/과학주의	무지와 종교로부터 해방
마르크스주의	무신론(진화론)	유물론/계급투쟁	무지와 종교로부터 해방
포스트모더니즘	불가지론(진화론)	반현실주의/상대주의	객관적, 절대적 기준과 진리의 해체와 해방
뉴에이지 세계관	범신론(윤회설)	관념론	물질세계로부터의 해방과 영적 의식의 합일

위 표에서 보시다시피 세속적 인본주의 세계관부터 뉴에이지 세계관까지는 초월자인 신의 존재를 인정하지 않는 인본주의 세계관으로 분류할 수 있습니다. 인본주의 세계관의 핵심은 인간을 단세포생물에서 고등 생물로 진화한 존재라고 보는 것이고, 이 진화의 과정이 지금도 계속되고 있다고 믿는 인간관입니다.

이러한 인본주의에서는 이 세상의 문제의 원인으로 기존의 사회구조, 문화, 관습, 제도의 억압과 착취를 말합니다. 그래서 이들은 각각 기존의 무엇으로부터의 해방과 해체를 인간 사회의 문제해결의 열쇠로 보고 있습니다. 앞으로 '해방, 해체' 그리고 이를 위한 '혁명'이라는 단어를 관심 있게 보시면 우리 사회의 다양한 문제들을 보다 잘 이해하실 수 있습니다.

제1강에서, 세계관은 마치 안경과 같아서 내가 어떤 안경을 끼고 세상을 바라보는가에 따라 세상이 달리 보인다고 말씀드렸던 것을 기억하십니까?

그런데 대부분의 사람들은 이 안경을 하나만 가지고 있지 않습니다. 때로는 이 안경을, 때로는 저 안경을 바꿔 끼면서 살아가는 경우가 대부분입니다. 그래서 각 사안에 따라 종종 자신이 믿고 있다고 생각하고 있는 바와는 정반대되는 결정을 하게 되는 경우도 허다한 것입니다.

또한 세계관은 토양과 같은 것이라고도 할 수 있다고 했습니다. 우리가 가치관이라고 말할 때에는 스스로 목적과 지향성을 가지고 무엇인가에 가치를 두고 선택한다는 의미가 강합니다. 그러나 세계관은 가치관을 포함하고 있으면서도 자기가 알지 못하는 사이에 자신의 가치관을 형성하고, 자신의 삶에 영향을 주고 있는 더 광범위하고 깊은 무의식의 세계까지도 포함하고 있습니다. 그래서 사람들은 의식의 세계에서 생각하는 것과는 다른 선택을 무의식적으로 계

속하게 되는지도 모르겠습니다.

이번 장에서는 앞에서 이야기한 여섯 가지 세계관 중 이슬람 세계관을 제외하고, 16세기 이후 종교개혁과 르네상스를 거치면서 현대사회를 지배하고 있는 두 가지 세계관인 성경적 세계관과 인본주의 세계관으로 나누어서 생각해보려고 합니다. 특히, 이 두 가지 세계관이 구체적인 현실에서 어떻게 적용되는지 비교해 보겠습니다.

성경 「창세기」에는 인류의 첫 조상이었던 아담과 이브가 선악과를 따먹게 되는 이야기가 나옵니다. 선악을 알게 하는 나무의 열매를 먹으면 하나님같이 된다고 했던 뱀의 꾐에 빠져 천국과 같은 에덴동산에서 쫓겨나 죄악이 가득한 인생을 살게 되었다는 이야기입니다. 신이 되고 싶었던 인간이 스스로 선과 악의 절대적 기준이 되고자 시도했던 사건이었지요.

이 신화 같은 이야기가 오늘날 우리에게 매우 큰 통찰력을 제공하고 있습니다. 각 개인이 스스로 선과 악의 기준이 되어 자기 소견에 옳은 대로 살아가는 상대주의적, 주관주의적인 세상이 올 것을 예언이라도 한 듯하니 말입니다.

그런데 에덴동산에는 금단의 나무가 하나 더 있었습니다. 바로 생명나무입니다. 선악과를 인간에게 빼앗긴 하나님은 혹시 인간이 생명나무의 열매마저 건드리지나 않을까 하여 생명나무로 가는 길에 천사와 화염검을 두어 지키게 했습니다.

그런데 오늘날 인간은 생명나무의 영역, 신이 절대로 접근하지 못하게 명령하여 지켜지고 있는 이 영역까지 도전장을 내밀고 있는 듯이 보입니다.

성경은 왜 선악과와 생명나무 이야기를 기록해 놓았을까요? 그리고 이 이야기가 인간이 스스로 도덕과 선택의 기준이 되려고 하

는 인본주의적인 세상에서 우리에게 말하고자 하는 바는 무엇일
까요?

다음 몇 가지 현대사회의 이슈를 살펴봄으로써 해답을 생각해 보
도록 하겠습니다.

자살과 안락사

여러분은 인간이 스스로 목숨을 끊는
행위에 대해 어떻게 생각하십니까?

만약 여러분이 성경적 세계관을 가진 사람이라면 자살이나 안락
사처럼 인간이 스스로 생명을 거두는 행위는 어떠한 경우에도 용납
되지 않을 것입니다.

성경은 인간의 생명을 자신의 것이 아니라 창조주 하나님이 주신
것이라고 말합니다. 한 마디로 생명의 주인은 내가 아니라 하나님
이라는 것입니다. 뿐만 아니라 인간은 단순히 육체로만 있는 존재
가 아니라 아름다운 영혼을 가진 존재이며, 각각의 인생에는 지금
당장의 현실적 어려움이라는 차원을 넘어서는 특별한 목적과 의미
가 있다고 말하고 있습니다.

세계관 특강

성경은 하나님이 인간을 사랑하시며, 인간에게 죽음 이후의 영원한 생명을 약속하고 있다고 말씀하십니다. 따라서 인간은 이 땅에 살면서 자신을 향한 창조주 하나님의 뜻을 찾으며 주어진 시간 동안 최선을 다하는 삶을 살아야 하는 존재인 것입니다. 그리고 이런 성경 말씀이 진리라고 믿는 것이 성경적 세계관입니다.

그러므로 생명의 주인이 자기 자신이라고 생각하며 그것에 대한 소유권을 주장하는 일, 자기 스스로 생명을 끊어버리는 자살은 인간의 존엄성을 훼손하는 것 일뿐만 아니라 창조주 하나님이 주관하고 있는 생명의 영역을 침범하는 또 다른 반역이 되는 것입니다.

안락사 역시 "살인하지 말라"는 하나님의 명령을 거역한다는 차원에서 결코 용납될 수 없는 일인 것입니다. 안락사를 원하는 사람이나 상대방이 원한다고 해서 안락사를 돕는 사람이나 모두 성경에서 말하는 죄를 범하는 것입니다.

그러나 인본주의 세계관을 가진 사람이라면 자살이나 안락사를 허용하는 것에 대해 찬성하는 입장을 가지게 될 것입니다. 인본주의 세계관에서는 인간의 삶은 현세에서 끝이 납니다. 영혼이나 죽음 이후의 세계는 판타지에 불과합니다. 그래서 죽음 이후에 내가 천국에 갈지, 지옥에 갈지에 대한 문제까지 고려할 필요가 없습니다.

인본주의자들에게 있어서 내 생명은 나의 것이며, 내 인생의 의미는 현재 내게 주어진 시간 안에서 가장 인간답게, 보람되게, 멋있게 잘사는 일입니다. 요즘 유행하는 말처럼 "한 번뿐인 인생, 네 마음대로 살아라(YOLO, You Only, Live Once)" 하고 말하는 것입니다.

만약 내 삶이 내가 보기에 보람도 없고, 어려움으로 가득 차 있다면, 그래서 살기가 싫고 굳이 살아야 할 이유도 없다면 자살해도 괜찮지 않을까요? 더욱이 불치병으로 너무나 큰 고통을 겪고 있다면 고통으로 가득 찬 내 삶, 그리고 타인에게 짐 밖에 되지 않는 내 삶을 유지하는 것이 과연 인간다운 삶일까요? 이런 경우, 당연히 스스로 생명을 끝내는 것이 나의 행복을 위해서나, 사회 전체의 공리를 위해서나 가장 합리적이고 실용적인 판단이라고 생각될 것입니다.

이런 합리성을 바탕으로 이미 스위스를 비롯한 서구의 몇 나라에서는 '안락사'를 허용하며, 그것을 인권이라고 말하고 있는 것 같습니다.

내가 내 삶의 주인이다 보니 절대자의 명령에 눈치 볼 것 없이 나의 선택과 자기 결정권만이 모든 선택과 판단의 기준이 됩니다. 그것이 생명에 관한 것이라 할지라도 말입니다. 이때의 인권은 하늘에 계신 천부께서 주신 인권이 아니라 인간이 스스로 부여한 인간의 자율권입니다.

현대사회에서는 왜 그렇게 인위적으로 생명을 연장하거나 중단하는 일에 사람들이 골몰하게 되는지 모르겠습니다. 생명을 인위적으로 연장하기 위한 불필요한 연명 치료도 바람직해 보이지 않지만, 스스로 생명을 끊어내기 위해 자신의 몸에 약물을 주입하는 것역시 도덕적으로 올바른 일은 아닌 것 같습니다.

자연적으로 순리대로 존엄하게 '자연사' 하는 것이 왜 이리 어렵고 부자연스러운 일이 되어버렸는지 알 수가 없습니다.

결혼과 가정

2015년 미국에서 동성결혼이 합법화되면서 '결혼'의 '정의'가 바뀌어야 한다는 주장이 거세지고 있습니다.

성경적 세계관에서는 결혼이란 '한 남자와 한 여자가 하나님과 사람 앞에서 일평생 서로 헌신하기로 하는 언약'을 말합니다. 그리고 이 결혼이란 언약 내에서만 자녀를 갖고 양육하기로 약속하는 것입니다.

특히, 성경에서는 하나님께서 인간을 창조하실 때 각각 고유한 본성을 가진 남자와 여자로 창조하셨고, 이러한 남자와 여자의 자연스러운 관계를 거스르는 것을 '죄'라고 말하고 있습니다.

그런데 동성결혼을 합법화시킨 쪽에서는 결혼을 '한 남자와 한 여자'의 결합이라고 하지 않고, 성별과 관계없이 그저 마음에 맞는 '두 사람 간의 상호 합의에 의한 결합'이라는 말로 재정의하려고 합니다. 그러다 보니 살면서 마음이 더 이상 맞지 않게 되면 쉽게 이혼에 합의하고 새로운 파트너를 찾아 나서게 되는 것입니다.

더 나아가 결혼이 왜 꼭 두 사람 사이에서만 이루어져야 하는가라며 '둘'이라는 숫자의 제한마저도 없애 버리자고 주장하거나, 동물하고도 법적으로 결혼하게 해달라고 하는 사람들도 생겨났습니다. 이런 식으로 나가다 보면 어디까지 가게 될지 모르겠습니다.

포스트모더니즘 세계관의 상대주의와 주관주의가 맹위를 떨치면서 전통적으로 당연하게 여겨지던 결혼과 가족도 그 의미가 해체되거나 재정의되거나 다양화되어야 한다는 주장이 설득력을 얻고 있습니다.

그런데 성경적 세계관에서의 결혼이란 단순히 한 남자와 한 여자의 성적인 결합만을 의미하지 않습니다. 성경이 말하는 결혼과 가정은 한 남자와 한 여자의 헌신을 통해 하나님이 창조하신 생명이 이 땅에 와서 자라는 거룩한 보금자리이며, 가정은 결혼을 통해 형성된 가족들이 예수 그리스도의 성품을 닮아가도록 훈련하는 훈련의 장입니다.

결혼이 얼마나 신성한 것으로 여겨졌는지 예수님과 교회와의 관계를 결혼에 비유하기도 합니다. 그래서 결혼의 신성함을 더럽히는 혼전 성관계나, 간통, 이혼 등 성적인 타락을 성경에서 매우 엄격히 다루고 있는 것입니다.

그러나 인본주의 세계관에서의 결혼과 가정은 나의 행복을 위해 존재하는 제도이며 장소입니다. 성적 만족도나 자아실현이 배우자에 대한 배려나 자녀의 출산과 양육보다 우선순위에 있습니다. 자녀를 낳는 것도 인간적으로 행복한 결혼 생활을 유지하기 위한 한 요소일 뿐, 그것이 결혼의 목적 자체 내에 포함되어 있다고는 생각하지 않습니다.

그래서 결혼은 해도 아이는 낳지 않으려고 하는 사람들이 늘어나고 동성결혼도 허용하게 되는 것입니다. 결혼이 더 이상 가정을 형성하는 유일한 방식도, 생명창조의 유일한 통로도 아닌 것이 되어 버린 것이지요.

과학기술의 발달로 정자나 난자를 기증받거나 사서 얼마든지 내 마음에 드는 유전자로 디자인된 아이를 얻을 수 있고, 아이를 낳지 못하는 동성결혼 부부들은 가난한 나라의 여성을 대리모로 사서 아기를 가질 수 있는 세상이 되었습니다. 이것은 가난한 나라의 여성들의 자궁을 상품화하며 그들의 존엄성을 파괴하는 또 다른 범죄를 낳고 있습니다.

국가적인 차원에서 볼 때도 인본주의 세계관이 지배하는 사회에서는 결혼을 인구의 유지 보존을 위한 수단으로 간주하며, 그 목적 또한 소비 시장의 규모와 국력을 유지하거나 확대하기 위한 것입니다.

그래서 우리나라처럼 인구 절벽의 위험에 처한 나라에서는 생명의 탄생이 성경에서 말하는 건강한 가정에서 이루어지든, 미혼모나 동거 커플에서 이루어지든 상관없이 아이만 많이 낳으면 된다는 식의 출산장려정책을 실시하게 되는 것입니다.

최근 학생인권조례에서 10대 학생들의 임신과 출산에 대해 제재를 가하지 못하도록 권고하고 있는 것이나, 생활동반자법을 통해 전통적인 결혼보다 동성결혼이나 동거를 장려하는 취지의 법을 제정하려는 시도 모두, 극도로 인본주의적인 세계관에서 나온 발상이 아닌가 싶습니다.

여성 인권과 낙태

낙태와 여성의 인권을 동시에 묶어서 다루는 것이 과연 올바른 접근법인지 모르겠습니다. 낙태는 여성이 자신의 신체에 대한 결정권을 가져야 한다는 취지로 원하지 않는 임신을 한 경우, 태아를 죽일 수 있는 권리를 갖겠다는 것입니다. 그리고 그것을 여성의 당연한 권리인 것처럼 생각합니다. 많은 분들이 이런 관점에 찬성하고 있고 일견 맞는 말처럼 들리기도 합니다.

그런데 이것을 성경적 세계관의 입장에서 보면 어떨까요?

성경적 세계관에서는 여성의 인권과 아이의 생명권을 별개의 문제로 봅니다. 아무리 여성이 자신의 신체를 자유롭게 사용할 수 있는 권리를 가지고 있다고 하더라도 태아는 여성과는 별개의 독립된 인격체이며 창조주 하나님께서 여성의 몸을 빌려 이 땅에 특별한 목적과 의미와 영혼을 가지고 태어나게 하실 존귀한 생명이라는 것입니다.

그렇기 때문에 여성의 몸을 통해서 태어난다는 이유만으로, 여성의 필요에 따른 자의적인 판단에 근거하여 이러한 생명을 함부로 살해할 수는 없다는 입장입니다.

성경에서 말하는 천부인권 속에 타인의 생명을 죽일 수 있는 권리는 들어 있지 않습니다. 그 생명이 원하지 않게 자신의 몸속에 들어와 마치 자신의 일부처럼 느껴진다고 해도 말입니다.

그러나 인본주의 세계관에서 보면 원하지 않는 임신을 통해서 잉태된 아이의 생명은 엄마라는 숙주의 몸에 우연히 발생한 세포덩어리이자 기생생물입니다. 따라서 숙주가 원하지 않으면 기생생물을 제거하는 것은 당연한 일로 생각됩니다.

경우에 따라서는 사회 전체의 공리를 증진시키는 방향으로 낙태 문제를 결정해야 한다고 주장하기도 합니다. 여기에서 우생학이라는 학문이 태동하기도 했습니다. 건강하게 태어나 좋은 환경에서 자랄 수 있는 아이는 태어날 수 있도록 권장해야 하지만 건강하게 태어날 가능성이 부족하고, 자라날 환경도 제대로 갖추어지지 않은 가정에서는 아이가 태어나서는 안 된다는 것입니다. 그것이 사회 전체의 행복을 위해 더 합리적이라는 것입니다. 그러나 이러한 논의를 솔직하게 표현한다면 건강한 아이들만 살아남을 가치가 있고, 부유한 사람들만 아이를 가질 자격이 있다는 말로 요약될 수 있을 것입니다. 참으로 무섭고 소름끼치는 이야기입니다.

최근 미국에서는 낙태 시술에도 불구하고 살아남은 아기를 어떻게 처리해야 하는가의 문제로 무척 시끄러웠습니다. 소위 여성 인권 단체라는 곳에서는 낙태 시술 중에 아기가 자궁 밖으로 미리 나와 버린 경우에라도 엄마의 요구에 따라 아기를 죽일 수 있게 해달라는 요구를 하고 있습니다.

이들의 주장의 요지는 갓 태어난 아기는 아직 자의식이나 죽음에 대한 자각이 없기 때문에 엄마의 판단에 따라 처리해도 괜찮다는 것이었습니다. 이들은 인간이란 죽음에 대한 자각을 가지는 때부터

비로소 독립된 인격체로 간주될 수 있고 보호할 가치가 있다고 말합니다. 그 전에는 인격체가 아니라는 것입니다.

그러나 그 시기가 언제인지 과연 누가 그 시기를 판단할 권리를 가져야 한다는 것입니까? 엄마입니까? 아니면 의사입니까? 그런 아이가 인격체로 보호받을 수 있는 시간은 태어나서 1시간 이후부터입니까, 아니면 하루 혹은 한 달이 되기까지는 아직 인간이 아니라고 해도 되는 것입니까?

미국의 보수적인 의원들이 이런 낙태 생존 아기들을 보호하기 위한 법(Abortion Survivor Protection Act)을 만들려고 했지만, 진보적인 의견을 가진 의원들의 반대로 통과시키지 못했다고 합니다. 이 법안에 반대한 의원들에게는 투표권을 가진 여성들이 아직 투표에 대한 자각도 없고 투표권을 행사하지도 못하는 아기들보다 더 중요하고 가치 있는 사람들이었을 것입니다.

최근 우리 사회는 생명의 문제를 결혼과 가정으로부터 점점 더 분리시켜 내고 있는 것 같습니다. 선악과에 이어 금단의 영역인 생명의 문제에까지 인간의 손이 닿기 시작했습니다. 이제 인간 스스로가 생명을 창조할 수도 있고, 자의적인 판단에 따라 자신이나 타인의 생명을 죽일 수도 있는 시대가 된 것 같습니다.

이 과정에서 발생하는 많은 윤리적인 문제들은 인간의 존재를 과연 어떻게 보는가에 따라, 우리가 가지고 있는 세계관에 따라 다르게 다루어질 것 같습니다.

과연 인간은 우연히 발생하여 진화했으며, 적자생존의 원칙에 따라 살아가고 있는 존재인가? 아니면 창조주 하나님이 영혼을 부여하였고, 영원한 생명을 약속한 존재인가에 따라서 말입니다.

도스토예프스키의 소설 『카라마조프가의 형제들』에는 "신이 없다면 무슨 짓이든 할 수 있다"는 말이 나옵니다. 인간에게 도덕적, 윤리적 한계를 지어주는 절대자의 존재가 없다면 인간은 끝없는 죄의 구렁텅이에 빠질 수밖에 없는 타락한 존재라는 말일 것입니다.

그래서 신의 존재를 부정하며 인간이 스스로 유토피아를 건설해보고자 시도했던 바로 그 곳에서 인류 역사상 가장 많은 피가 흐르게 되었던 것이 아닌가 싶습니다.

이 장에서는 최근 우리 사회에서 논의되고 있는 가장 극명한 이슈들을 중심으로 성경적 세계관과 인본주의 세계관의 입장을 대비시켜 살펴보았습니다.

스스로 성경적 세계관을 가지고 있다고 믿고 있었지만 실제로 현실 세계의 이슈를 다룰 때에는 성경의 원리와 기준에 배치되는 입장을 가진 사람들도 있고, 스스로 인본주의자라고 자처했지만 그럼에도 불구하고 인간이 하나님의 형상으로 지음 받은 존재이며, 인간에게 영혼이 있다는 사실을 무의식적으로나마 인지하고 그에 따른 판단을 하고 있는 사람들도 적지 않을 것입니다.

어느 경우든 자신이 가지고 있는 생각의 틀이 어떻게 만들어져 있는지를 확인하는 것은, 앞으로 개인적인 삶의 방향을 결정하는데 중요한 길잡이가 될 뿐만 아니라 공동체적으로도 우리가 사는 세상을 좀 더 살기 좋은 곳으로 만들어 갈 수 있도록 이끌어 줄 것이라 믿습니다.

이 책을 통한 세계관 공부가 삶의 기준을 바로 세우고 진리를 향한 첫 걸음을 내딛게 만드는 동기가 되었기를 바랍니다.

　　지금까지 우리는 현대사회를 주관하고 있는 여섯 가지 세계관에 대해 간략한 특징과 차이점을 중심으로 공부해 보았습니다.

　그런데 크리스천으로서 세계관을 공부하는 목적이 단지 우리의 생각이 어떤 세계관에서 비롯되었고, 영향을 받고 있는지를 알아보는 것일까요? 만약 세계관에 대해 아는 것에서 만족한다면 공부를 하는 목적의 절반 정도만을 이룬 셈일 것입니다.

　우리가 세계관에 대해 관심을 갖는 이유는 우리가 가진 세계관이 무엇인지 잘 분별함으로써 잘못된 세계관은 바로 잡고 올바른 세계관으로 살아가기 위해서 입니다.

크리스천이란 누구일까요?

크리스천이란 성경적 세계관을 가지고 살아가는 사람을 말합니다. 다른 말로 하면 성경 말씀을 절대적 진리로 믿고 그 말씀대로 순종하며 사는 사람이라는 뜻입니다. 그리고 그 성경 말씀이 우리를 괴롭고 힘들게 하기 위한 것이 아니라 우리를 창조하셨기 때문에 우리를 가장 잘 아시는 아버지 하나님께

세계관 특강

서 우리를 사랑하심으로, 우리를 살리기 위해 주신 말씀임을 신뢰하고 따르는 사람을 뜻합니다.

하나님의 성품의 본질은 '사랑'입니다. 그래서 우리에게 주신 가장 중요한 두 가지 계명도 바로 "하나님을 사랑하고, 이웃을 사랑하라"고 하신 것입니다. 크리스천이라면 이 말씀을 우리를 위해 주신 계명으로 받아들이고, 이 말씀대로 행하는 것이 인간을 더욱 인간답게 살 수 있게 하는 길이며, 개인과 공동체를 살리는 일임을 믿고 순종해야 할 것입니다.

그렇다면 우리는 어떻게 이 계명을 지킬 수 있을까요?

사랑은 상대방의 마음을 알아주고, 그 사람이 원하는 것을 기꺼이 해 주는 행동을 통해 우리의 삶 가운데 드러나게 됩니다. 그러므로 하나님을 사랑한다는 것은 하나님의 말씀인 성경 말씀을 통해 하나님께서 인간에 대해, 세상에 대해 어떤 마음을 가지고 계신지 잘 알아드리고, 그분의 마음에 합하도록 그분의 뜻을 이 땅 가운데 이루어 드리기 위해 기꺼이 행동하는 것을 말합니다.

이웃을 사랑하는 일도 마찬가지 원리가 적용됩니다. 내 옆에 있는 이웃의 마음을 헤아려 그 사람이 원하는 일을 기쁜 마음으로 해 주면 되는 것입니다.

말로도 참 쉽지 않은 일입니다. 그러나 하나님께서 사랑으로 특별한 목적을 가지고 창조하셨고, 죄로 말미암아 타락했음에도 불구하고 그 생명을 구원하기 위해 십자가의 희생을 감수하셨고, 마침내 영원한 생명을 선물로 주신 그 대상이 바로 내 이웃임을 생각한다면 우리는 내 옆에 있는 그 어떤 사람도 참으로 존중하는 마음으로 대하고 사랑할 수 있을 것입니다.

우리 가운데 오신 하나님의 나라

세상의 많은 세계관들이 관심도 없고 해답도 없는 것이 '하나님의 나라'라는 관점입니다. 하나님의 나라라는 관점은 그야말로 인간의 머리로는 생각해 낼 수 없는 독특한 관점입니다. 그런데 하나님의 나라라는 관점으로 개인과 역사를 이해하는 것은 크리스천들에게는 가장 중요한 관점 중 하나입니다.

많은 크리스천들이 하나님의 나라, 혹은 천국은 죽고 나면 하나님을 만나서 영원히 살 수 있는 곳으로 생각하고 있습니다. 이들 중 어떤 사람들은 천국이라는 개념을 금, 은 보화와 세상의 온갖 좋은

것들이 다 있는 곳, 늘 행복한 곳일 거라고 상상하기도 하고, 어떤 사람은 반대로 천국이 오직 의와 평강과 희락이라면 너무 지겨울 것 같다고 우스갯소리처럼 말하기도 합니다.

분명 천국은 우리가 죽고 나면 온전히 누릴 하나님의 나라입니다. 하나님과 영원히 함께 하며 그분을 예배하는 곳일 것입니다. 그러나 예수님께서는 당신이 이 세상에 오시는 그때부터 이미 하나님의 나라가 시작되었다고 말씀하고 계십니다. 따라서 이 땅의 크리스천들에게 하나님의 나라는 이미 시작되었지만 아직 온전히 완성되지는 않은 나라이며, 장소적 개념뿐만 아니라 통치의 개념으로도 이해해야 할 것입니다.

세계관 특강

하나님의 나라는 하나님의 통치가 이루어지는 영역을 말합니다. 우리 삶의 모든 영역에서 하나님의 주권이 인정되고, 그분의 통치가 받아들여지면 이미 하나님의 나라가 우리의 삶 가운데서 시작되었다는 말입니다.

인류의 역사는 이러한 하나님의 나라가 확장되어가는 과정입니다. "땅 끝까지 이르러 내 증인이 되라"고 하신 예수님의 말씀에 따라 예수 그리스도의 복음이 전해져서 모든 사람들이 개인의 삶 가운데 하나님의 통치를 받아들이게 되는 과정, 그리고 정치, 문화, 경제, 사회 등 인류의 삶의 모든 영역에서 하나님의 통치가 이루어지는 과정이 바로 인류의 역사이며, 이를 우리는 '구속사'라고 말합니다.

크리스천으로서 현재 당신의 마음과 생각 속에는 하나님의 통치가 이루어지고 있습니까?

만약 당신이 "예"라고 자신 있게 대답할 수 있다면, 당신은 성경적 세계관으로 오늘을 살아가고 있고, 앞으로 더 크고 선한 영향력을 이 세상에 끼치며 살아갈 수 있을 것입니다.

강의를 마무리 지으면서 지금까지 배운 모든 지식들을 통해 크리스천들이 성경적 세계관, 하나님의 말씀으로 다시 한 번 각성되고 재무장되는 계기를 가지게 되었기를 진심으로 기도합니다.

세계관 특강

강의를 마치며

추천도서

『그리스도인, 이제 어떻게 살 것인가?』 찰스 W. 콜슨·낸시 피어시, 요단출판사, 2002

『글로벌 성혁명』 가브리엘 쿠비, 정소영 옮김, 밝은생각, 2018

『기독교 세계관과 현대사상』 제임스 사이어, IVP, 2007

『니고데모의 안경』 신국원, IVP, 2005

『세계관 전쟁』 이태희, 두란노, 2016

『세계관을 분별하라』 안점식, 죠이선교회, 2015

『시대의 징조를 분별하라』 박광서, 누가, 2018

『알라를 찾다가 예수를 만나다』 나빌 쿠레쉬, 새물결플러스, 2016

『창조 타락 구속』 알버트 월터스·마이클 고힌, IVP, 2007

『충돌하는 세계관』 데이빗 A. 노에벨, 꿈을 이루는 사람들, 2013

『현대 사회 문제와 그리스도인의 책임』 존 스토트, IVP, 2011

『완전한 진리』 낸시 피어시, 복있는 사람, 2006

크리스천 청소년들이 꼭 알아야 할
세계관 특강

발행일 2019년 8월 15일 초판 1쇄
2023년 8월 15일 초판 3쇄

지은이 정소영
발행인 고영래
발행처 미래사CROSS

주소 서울시 마포구 토정로 195-1 정우빌딩 3층
전화 (02)773-5680
팩스 (02)773-5685
이메일 miraebooks@daum.net
등록 1995년 6월17일(제2016-000084호)

ISBN 978-89-7087-109-7 03230